やりたいことがわからない高校生のための

最高の職業と進路が見つかるガイドブック

著者 山内太地 小林 尚

イラスト

KADOKAWA

2

高 校 生 か ら の 生 き 方
── 与 え ら れ る 教 育 か ら 、自 分 で 考 え る 学 習 へ ──

　みなさんの多くは、保育園・幼稚園から小学校、中学校、高校と、毎朝、何の疑問ももたずに学校に通ってきたと思います。そして、多くの人は大学や専門学校に進むでしょう（就職する人もいます）。しかし、その先を考えたことはありますか？　90年近い人生で、学校に通うのは、せいぜい20年ほどでしかありません。**人は学校に通うために生きているのではなく、そこで学んだ知識や経験をいかして、その後長い職業人生を歩んでいくのです。**

　このことに気がついたとき、多くの人が不安に駆られます。「なんとなく上の学校に進めばいい」という人生の選択はいつか終わり、大学を出たあと、ほとんどの人はなんらかの仕事に就くことになるからです。

「私は、どうすればいいんだろう？」と不安になっているみなさん。ご安心ください。高校生や受験生に、教育系YouTuberとして毎日さまざまな情報をお届けしている山内太地と小林 尚が今回はじめてタッグを組み、この本でみなさんと一緒にそれを考えます。将来やりたいことが決まっている立派なクラスメートと自分を比較して落ち込む必要はありません。ほとんどの人は大学生活の中で将来の夢や職業を絞り込んでいくからです。将来の夢で親や先生と意見が分かれている人も大丈夫。本書で情報を集め、親や先生にも読んでもらってください。

　あなたが人類ではじめて大学受験や就活をするわけではありません。先輩も、親も、先生も、活躍する社会人のみなさんも、みんな悩んで、考えて、挑戦して、自分のゴールにたどり着きました。黙って授業を聴く、与えられる教育の生徒の世界から、**自分で考えて行動する、学習する学生、そして社会人の世界へ。今日からその第一歩を踏み出しましょう。**

山内　太地

4

本書で解説をしてくれる2名の先生

第2章・第3章担当

小林尚
（こばやし・しょう）

コバショー先生

個別指導塾CASTDICE塾長。先取り・演習量を重視した指導法で受験生をサポート。開成高等学校卒業後、東京大学文科一類に現役合格。経営コンサルティング会社を経て、株式会社キャストダイスを設立。YouTubeチャンネル「CASTDICE TV」では、受験・職業・進路情報を高頻度で発信。好きな食べ物はお寿司。最近ハマっていることは、YouTubeで旅行チャンネルを見ること。

第1章・第4章担当

山内太地
（やまうち・たいじ）

山内先生

教育ジャーナリスト・学校経営コンサルタント・教育系YouTuber。日本全国約800大学をすべて訪問。海外は14か国3地域約100大学を取材した大学マニア。全国の高校では、年間約150回の進路講演を実施。YouTubeチャンネルの総再生数は2,100万回を超える。好きな食べ物はゼリーでできたもの全般。最近は小学生の息子がやっているゲームにハマっている（付き合わされている）。

この二人が先生に いろんな悩みや質問を ぶつけるよ！

**自分の進路や将来に悩む
高校生たち**

CONTENTS

第 1 章 ｜ 高校生から知っておくべき 「仕事選び」の超基本

第 2 章 ｜ 高校生から知っておくべき 「職業」の超基本

第3章 | 高校生から知っておくべき
「就活」の超基本

第4章 高校生から知っておくべき「進路選び」の超基本

STAFF			
	ブックデザイン 喜来詩織（エントツ）	校正・校閲	㈱文字工房燦光、㈱鴎来堂
	イラスト 倉田けい	執筆・編集協力	オフィスファイン
	DTP ㈱フォレスト	編集	村本悠

第 1 章

高校生から
知っておくべき
「仕事選び」
の超基本

夢って必要なの？

 大人たちが「夢をもて」と言う理由

　なぜ大人たちは、あなたに「夢をもて」と言うのでしょうか？　それは、自分の仕事を早く終わらせたいからです。生徒が卒業して大学に入学すれば、学校の先生の役目は終わりです。親御さんも早く子どもに社会人になってもらって子育てを終えたいんです。どこの大学に行くか決まっていなかったり、何の仕事に就くか決まっていない状態は、あなただけでなく親御さんや先生といった周囲の人を不安にさせるのです。

 夢をかなえるってどんなこと？

　芸能人、スポーツ選手、インフルエンサー、政治家、起業家……、そうした、みんなから憧れられる仕事に就くのだけが、夢をかなえることなのでしょうか？　あなたの周りにはそういう仕事をしている人はいますか？おそらく多くの人はそうではないはずです。

　夢は、周りから憧れられるものではなく、自分が納得のいくものであるべきです。街を歩いている社会人の人たちは、なんらかの仕事に就いている人が多いでしょうが、そのすべてが夢をかなえた人でしょうか？　あなたの親御さんはそうでしょうか？　先生や部活の監督・コーチは夢をかなえた人かもしれませんが、人生は人それぞれなのです。

夢が決まっている人と決まっていない人の違い

あなたのクラスメートの中には、夢を追いかけている人もいるでしょう。医師になりたい、国家公務員になりたい、保育士になりたい、建築学科に行きたい……。そうした、将来の夢がしっかり決まっている人を見ると、自分が劣っているような気持ちになってしまうかもしれません。夢が決まった人は立派ですが、あなたがダメなわけではありません。大学に入ってから、もしくは卒業してから夢が決まる人もいます。あわてることはありません。

でも、夢が決まっている人とそうでない人には、大きな違いがあります。**夢をもっている人は、それに向かって行動しています**。目標をもって具体的に行動できているかどうかで将来が決まるのです。世界で活躍するスポーツ選手は、子どもの頃から、世界の舞台を夢見て経験を積み上げています。もしあなたが、「夢がない」といって、目の前の勉強をこなすだけの生活を続けていたら、夢や目標をもって計画的に勉強している人に、大きな差をつけられてしまうかもしれません。

 ## すぐに実行できる小さな目標を設定しよう

必要なのは夢ではなくゴール（目標）の設定です。「〇〇大学に入る」とか、「この職業に就く」という大きな目標でなくてもいいのです。「中間テストの英語で満点をとるぞ」とか、「テストでクラス 1 位になるぞ」でも構いません。目の前の小さな目標を設定し、それをコツコツこなしながら、いずれ受験や就職といった大きな目標を設定していくのはどうでしょうか。

夢というと、スポーツ選手や世界を股にかけて働くような大きなことを考えてしまいがちですが、誰もがそういう夢を追う必要はありません。**大**

事なのは、自分のできることでベストを尽くすことです。

 まずは「学部」選びを夢に！

　夢がないと悩んでいるのなら、いっそ、東京大学を目指してはどうですか？　「どうせ無理」と思ったあなた、落ち着いて聞いてください。みなさんの多くは部活に入っているでしょう。県大会で勝ち上がったのに、先に進まない人はいませんよね？　全国大会、オリンピック、行けるところまで行ってみるはずです。大学受験に参加する以上、いちばん上は東大。芸術でもスポーツでも、誰もが観客としては頂点が見たいわけです。

　「全員東大に入れ」と言っているのではありません。共著者の小林尚先生はともかく、僕には現実的ではありません。しかし、僕、山内太地は大学見学マニアとして東大の学園祭や講演会はもちろん、シンポジウムや研究発表会には盛んに参加しましたし、ジャーナリストとして東大教授の取材も重ねてきました。SNS（ソーシャル・ネットワーキング・サービス）でつながっている東大の先生もたくさんいます。

　東大ってどんな大学なのでしょう。大学には高校と違って「普通科」はありません。商業高校や工業高校のように、学生は職業専門性の高い「学部」に所属します。東大の教育のしくみは特殊ですが、卒業するときにはみんな「○○学部卒」になっているわけです。

　東大には医学部、薬学部、法学部、工学部、文学部、理学部、農学部、経済学部、教養学部、教育学部などがあります。芸術学部はありません。東大合格を「夢」にするのではなく、この「学部」選びをまずは夢として設定してみませんか？　大学に入ったら自分が学びたいことは何か。医学、法学、工学、理学、文学などの学問を、大学のホームページでよく調べてください。すると東大以外の大学でも、それらの学問が学べることに気が

つくはずです。**「職業＝夢」になるのは大学に入ってからでも構いません。まずは、大学の「学部」を調べるところから始めてみましょう。**

　最初に東大を調べ、次に、その学問が学べて、自分が現実的に入れる大学を探していくのです。もちろん、東大を目指したい人はそのまま頑張ってください。

 ## なんとなく会社に入ってしまってよいの？

　一方、進路が多様な高校であれば、就職希望の人、専門学校希望の人もいて、4年制大学を目指すあなたは少数派かもしれません。卒業後すぐに就職する、あるいは看護師、調理師を目指す友達に囲まれている高校生のほうが、「自分は、彼らのように将来のことを真剣に考えて大学選びをしているのだろうか」と将来の職業について真剣に考える機会に恵まれているとも言えます。

　ところが、「そこそこいい高校」の場合、「なんとなく大学に行く」という空気につつまれていることが多いと思います。そういう環境の中で将来について考えることもあまりなく、「夢がない」と悩みがちです。

　その多くは、なし崩し的に自分が入れそうな大学に行きます。そして次は「入りたい会社がない」と大学3年生で悩み、就職活動を経て、なんだかあいまいな気持ちで、なんとなく会社に入ってしまうのです。気がつけば、いやいや仕事に行く会社員になり、夢などどこへやら……。

　もし、今あなたがそんなだらしない人生の入り口に立っているとしたら、そっちへ行ってはいけません。本書で僕たちと一緒に、大学進学と就職について真剣に考えていきましょう。

やりたいことがない！どうすればいいの？

 やりたいことの選択肢を狭めているのはあなた自身

　夢ややりたいことが決まっている同級生を見てあせっているあなた。あせることはありません。とりあえず大学に入ってから、先生方や同級生、企業の人、社会のあらゆる人などとの交流の中で、ゆっくりとやりたいことを見つければいいのです。極端な話、とりあえず大学に入りさえすればいい。

　あなたの住んでいる地域では、なんとなくみんなが憧れて目指す大学があるでしょう。あなたが中学生のとき、成績優秀な仲間が目指した有名高校が近所にあったはずです。それの大学版だと思ってください。

　もちろん、海外の大学に進学するとか、大学に行かない生き方を選ぶ人もいるでしょう。それはそれでいい。でも、「なんとなく大学」というあなたは、**まずは「みんながなんとなく目指している大学」について調べることから始めてほしい**のです。なぜなら、やりたいことがないと悩んでいるあなたは、単に受験学力が低いおそれがあるからです。

　有名高校に通い、有名大学を目指しているライバルは、あなたのように悩んではいません。今この瞬間も猛勉強しています。あなたはやりたいことがないんじゃなくて、はじめから難しい大学から逃げてしまっているのです。**狭い視野で、限られた選択肢の中で、「やりたいことがない」と言っていませんか？**　就職したいわけでもなく、専門学校に行きたいわけでもな

い。とはいえ上位高校生たちが目指す難関大はどうせ無理とあきらめている。

「必要とされる人間」になるために進む道を探そう

　今、あなたを必要としてくれている人はたくさんいることでしょう。家族、兄弟、学校の先生や心を許せる友達は、ありのままの自分を認めてくれるはずです。しかし、近い将来に一人立ちをするときが来たら、会社に入るか入らざるかは別として、あなたは何かしらの仕事に就くでしょう。**社会で成り立つ職業というのは、「誰かに必要とされる」仕事である必要があります。** そうやって、必要とされる仕事をすることで、あ

誰かに必要とされ、感謝される人間になるために、なりたい仕事について必死で考えよう

なたは社会のなかで自分の居場所を作っていくのです。

　医師なら、「○○先生のおかげで、病気が治りました」

　教師なら、「○○先生のおかげで、100点とれました」

　パティシエなら、「○○さんのお店のケーキはおいしいね」

と言われて、誰かに感謝され、お金をもらって生活しています。社会で必要とされるからこそ、仕事になるのです。そのために、**あなたが学びたい学問やなりたい仕事を、自分ごととしてしっかり考えていきましょう。**

あなたは誰に必要とされたいですか？

　この本の著者である小林尚先生と僕は、大学受験の専門家です。我々は

高校生・受験生や保護者、高校・塾の先生に、よりよい受験の情報を届けることで感謝され、収入を得て、社会から必要とされています。

街を歩き見渡して、ショッピングモールでも商店街でも、さまざまなお店や職業を見て真剣に考えてほしいのです。自分はどの仕事に就きたいのか、と。興味がない仕事もあるでしょう。それは外してください。そのうち「これならやってみてもいいな」という仕事が残ってくるはずです。絶対にその仕事に就けとは言いませんから、まずは職業を絞り込んでみて、それを学べる大学・学部・学科などを探してもいいでしょう。

地元のみんなが目指している大学のパンフレットやホームページで、学部ごとの職業データを見てください。医学部に行けば医師ですし、保育学科ならほとんどの人が保育士になりますが、文系学部の多くは、多様な業種・職種に就職していることがわかるはずです。

次に、入社している会社を調べてみてください。有名な大学、難関大ほど、上場企業や一流企業、公務員などの就職者が多いことがわかるはずです。だからみんな有名大学を目指しているのですね。もちろん個人差はあるし例外はあります。でも、あなたも、わざわざ高校のランクを落として受験しませんでしたよね。大学も同様です。

ただし、大学は教育内容や研究内容で選んで、偏差値にとらわれない選択をする人はいますし、僕もそういう人は尊重します。

 ## なりたい自分について真剣に考えよう!

あなたは**やりたいことがないのではなく、使命が見つかっていないのです**。それは空から降ってきません。人生を決めるような出来事は、待っていてもやって来ないんです。自分で動いて探していくしかありません。

学校が与えてくれる授業や部活、スマホが与えてくれる動画やゲームや

SNS、あなたがつくり出したものはまだ何にもありません。小さい頃は工作をしたり絵を描いたりしていたのに、いつしか自分で創作する喜びを忘れ、与えられたものをこなすだけになっていませんか？　その先にあるのは与えられたものをこなすだけの仕事です。しかもその仕事においてあなたは替えがきく人材にすぎません。賃金も知れています。それでいいのでしょうか？

　探すのです。少しでも興味がある分野の本を読むなり、職業を調べるなり、自分から動いて、自分の人生を真剣に考えてください。

 ## 探し続ければ、きっと見つかる

　もし石川県に住んでいたら、とりあえず地元でトップの国立大学である金沢大を目指してみる。東京なら早慶を志望校にしてみる。志望大学は変わっても全然構いません。

　金大でも早慶でも、どんな学部・学科や学問分野があり、そこを卒業すると何になっているのかを調べてください。それがあなたの数年後の姿です。そして、自分は本当にそうなりたいのかを自問してください。もし違うのならば、ほかの人生を求めて違う大学を探せばいいのです。

　大学のパンフレットにも、誰もがうらやむような会社に就職した人が多く登場しますが、もちろんそれが正解と言うつもりもありません。ただし、そういう人もいることを踏まえた上で、自分にとっての正解を探す必要があります。

　今、やりたいことがないあなたを僕は責めません。でも、探してください。探す努力をしてください。そして、いつかは見つけてください。

仕事を絞り込めない！どうすればいいの？

就職のことを考える余裕がなくて当たり前

　学んだ内容が職業につながりやすい医療系や理工系と違い、「仕事を絞り込めない」という悩みは文系学生特有のものです。でも、「実は、多くの高校生は、入りたい会社探しに悩んでいないでしょ？」と僕は思うのです。

　これには根拠があります。数年前、ある首都圏の難関工業大学のオープンキャンパスを見学したことがありました。高校生がたくさん見学に来ていましたが、入試説明会や模擬講義は満席なのに、ガラガラの講演会があったのです。それは、有名企業で活躍する卒業生の講演会でした。就活生なら誰でも憧れるような、日本を代表する大手一流メーカーです。しかし、高校生は関心がないのです。その企業に魅力がないわけではありません。高校生に、**大学卒業後の就職まで考える余裕がないのです。目の前の受験でいっぱいいっぱい**なんです。

　「若者は就職で悩んでいるはずだ」というのは、大人のエゴだと僕は思っています。小中学生に職業を紹介する本もたくさん出ていますが、それはサッカー選手やお花屋さんのような憧れの世界の話。**文系学生は就活をしていく段階で業種・職種を絞り込み始める人が多数派で、高校時代から就職に悩む人はほとんどいない**、と僕は思っています。

　受験生に具体的なアドバイスをするとしたら、「まだ考えなくていい」です。ときどき看護師や栄養士を目指す学生に、「高校時代に学んでおい

たほうがいいことや、とっておいたほうがいい資格はありますか？」と質問されますが、それも特にありません。高校の生物や数学や英語などの科目をちゃんと勉強して看護学部や栄養学部に入れば、専門の学びがあり、国家試験への道筋はできているからです。

　中学生や高校生ぐらいでもっている職業観はおそらく非常に狭いもので、知っている職業しか目指せません。大学生ですら、テレビでCMをやっている会社ぐらいしか知らない人も多いのです。

 ## 興味のある仕事については自分で調べる努力を

　その上で、どうしても将来の就職が気になる人は、自分で調べてみるといいでしょう。たとえば「テレビ番組の制作会社に入るにはどうしたらいいですか」「演劇の舞台装置をつくる仕事がしたいです」などの相談を受けますが、「こうすべき」という正解がない世界なのです。

　憧れてもなれる人が少ない、**道がはっきりしていない職業を目指す場合は、自分で調べるのがいちばん**です。ネットで検索すれば情報は手に入るのに、検索する力、探す力がない高校生は残念ながら結構います。自分で自分の道を探す力もないのに、テレビ制作会社やYouTuber事務所や演劇の仕事に就けるはずもないのです。

　そういった険しい道ではなく、一般的な会社に入りたい人で、将来の仕事選びで悩んでいる高校生には、**業種・職種について書かれた本を買って読むことをおすすめします**。1,000円から2,000円ぐらいなので必ず買ってください。高校の図書室にもあるでしょうが、古い本だったりして状況の変化に対応していないものが多いし、買った本でなければ書き込んだり手元に置いたりしていつでも読むことはできません。

　本当に価値のある情報は無料ではありません。高校生の周りには、あた

かも無料で娯楽があふれているように見えます。課金するゲームでない限り、タダでいつまでも遊べそうです。しかし、大学選びや受験、就職についての、本当に重要なアドバイスはタダではありません。その代わりお金を払った対価として、価値の高い情報が手に入るのです。

どんな業種があるのかを知ることが第一歩

業種・職種の本を買って読めば、この世の中にあるおおよその仕事の種類がわかります。高校生に関心の高いエンターテインメント、サブカルチャーの世界が、いかに狭い世界であるかもわかるはずです。さまざまな業種があり、一つの業種の中でも大企業から中小企業、あらゆる分野の会社があり、ひと言で説明できるものではありません。大学生の就活では、複数の業種を受けることもザラです。

職種に関して夢見がちな大学生によくあるのが「なんかカッコいいから広報がやりたい」「営業や販売はノルマがきつそうだからやりたくない」というもの。

でも、新卒一括採用は多くの場合、配属先は自分の意思で選べない会社が多いのです。**社内の職種の選択権などないのが多くの日本の会社員**です。公立高校の先生は、自分の意思でなく転勤になることが多いでしょう？もちろん、それが嫌なら独立したり自営業になったりフリーランスになったり、自由な働き方を選べばいいのです。

自分の生き方を探し、充実した人生を築く

というわけで、将来の仕事について、今すぐ決めようと悩んでも仕方がありません。大学生になった自分に悩ませましょう。**まず、あなたは、入りたい大学や学びたい学問を探してください。**大学に入ってからまた考え

◎ 主な会社の業種：企業の事業内容例

業　　　種	分　　　類
メーカー(製造)	電気・事務機器、住宅、自動車、機械、食品・水産、医薬品、化学、衣料・繊維、鉄鋼など
IT（情報通信）	通信、システム・ソフト、インターネット、情報サービスなど
金融	銀行、政策金融・金庫、共済、証券、生命保険、損害保険、ノンバンクなど
エネルギー	電気、ガス、石油など
交通・運輸	鉄道、海運、空運、運輸・倉庫など
建設・不動産	建設、住宅・マンション、不動産など
流通・小売	デパート、コンビニ、スーパー、家電量販・ドラッグストアなど
サービス・レジャー	ゲーム、ホテル、レジャーなど
マスコミ	テレビ、広告、新聞、通信社、出版メディア・映像・音楽、印刷など
コンサル等	シンクタンク、コンサルティング、リサーチなど
商社・卸売業	総合商社、専門商社、卸売など
教育・人材	教育、人材サービスなど
医療・福祉	病院、看護業、介護事業など
官公庁・公社	国家公務員、地方公務員、団体職員など

＊上記のほかにもいろいろな業種があります。

ればいいことです。そして、身もふたもありませんが、有名な大学ほど有名な企業に入りやすい（ただし個人差や例外はある）。

　ただし、**自分の生き方を自分で探し、自分で選ぶことが重要**です。親や先生や友達、社会から認められるといった、他者を基準にしている限り、どんな有名な大学や企業に入ろうが満たされることはありません。もっと上がいるからです。

　将来の職業について、時間のあるときに楽しく考えること自体は有益です。大事なことは、それは誰かとの競争ではないということです。**あなたの人生はあなたのもので、自分で充実した人生を築き上げていってほしい**と思います。

偏差値が低い大学や無名大学に入ったら就職できないの？

 就職できるかできないかは、大学名ではなく自分次第

　たとえ有名大学に入学できなくとも、就職はできます。ただし、誰もがうらやむ一流企業の社員や公務員になろうとすると、少し難しくなってくるというだけです。不可能ではありません。

　中学受験から高校受験、そして大学受験まで、みなさんは「学力が高い人が偉い」という価値観の中でずっと戦ってきました。高校などは序列の最たるもので、どの地方でも、東京大学や医学部を目指すような地域のトップ高校、首都圏・関西圏なら有名私大、地方なら地元国公立大を目指す二番手高校（自称進学校）、中堅私大を中心に目指す高校（今や半分近くが推薦）、学力競争を重視せず、就職や専門学校など多様な進路を目指す高校と、なんとなくの序列ができているはずです。

　小学校や中学校では個性や能力ではなく学力だけで進学先を仕分けされるので、あたかもそれが人間の価値を決めてしまうかのように思いがちですが、大学への進学では少し状況が変わってきます。すでに、点数の競争や学力による受験方式は、大学入学者の半数を切っているからです。

　さすがに国立大は一般選抜が8割ですが、東北大学、筑波大学、お茶の水女子大学、名古屋大学、神戸大学、九州大学ですら、大学入学共通テストなしで、書類選考や小論文、面接などで受験できます（だから簡単というわけではありませんよ）。公立大も推薦が3割に達し、共通テストが必要な

かったり、評定平均が求められないなど、非常に挑戦しやすくなっている大学もあります。私大に至っては、早稲田大学、慶應義塾大学、同志社大学などですら、一般選抜が半分しかいない学部が続出しています。もちろん、これをチャンスととらえて有名大学を目指すのもよいですし、有名大学ではなくても、自分を磨いて、なりたいものになることは可能なのです。

偏差値が低い大学や無名大学に入ってしまったら就職できないと考えるのは、自分の個性や能力に価値がないと自分で言っているようなもので、そんな人が就職で選ばれないのは当然です。あなたが憧れるインフルエンサーや芸能人は大学を卒業していない人もいるでしょう？　でも活躍していますよね。それは、仕事の能力が高いからです。あなたもそれを大学で身につければ、臆することはありません。

 ## 大学の名前だけで人生は決まらない

問題は、偏差値が低い大学や無名大学ほど、学力を問わない入試になってきていることです。有名大学が推薦半分といっても、附属高校や指定校で学力の高い有名高校の出身者をかき集めていたり、総合型選抜でも要求水準が高くて、優秀な学生が集まっている可能性が高い。受験難度が下がってくるにつれ、学力も能力も特に優れていない学生が、推薦で大量に入学してくる大学が存在します。そうした大学の学生を大企業が就職で厳しく選別するから、就職でも大学の序列があるように見えるのです。

いまだに大学名で選んでいる企業もありますが、そうした会社は文句を言ってもなくなることはないので、無名大学の人は別の会社を選べばいいだけです。議論してもしょうがないと僕は考えています。

偏差値が低い大学や無名大学に入ってしまったら就職が難しいと考える人もいるかもしれません。しかし、本当にそうでしょうか。

たとえ偏差値が低い、無名とされる大学に入ったとしても、立派な教授はいるし、就職課（キャリアセンター）が就職を支援してくれます。**あなたにやる気があればいくらでも逆転できる**のです。大学が無名だからいい会社に入れないというのは、自分に能力がないのを棚に上げて大学のせいにしているだけです。**どんな大学でもいい会社に入れた先輩はいるはず**で、その人はどんな大学生活を送っていたのか、大学の教職員の人に聞いてみればいいでしょう。そして、自分もそのように生きるのです。

 ## 社会人になったら、学歴よりも実力が問われる

　就活は「建前上は」平等です。昔のように「特定の大学から何名」という採用は「表向きは」存在しません。

　本来の意味の「学歴」なら、大卒というのは東大もその他の大学も同じで、大学院まで出た人のほうが「学歴が高い」のです。どうでもいいことではありませんか。他人がつくったルールに振り回されるのはやめましょう。**大事なのは学歴よりも仕事の実力**です。

　名古屋の信用金庫の新入社員に、名古屋大学、名古屋市立大学、南山大学、愛知大学、中京大学、名城大学、愛知学院大学、名古屋学院大学、名古屋商科大学出身の学生がいるとして、名古屋学院大や名古屋商科大出身者がバリバリ活躍して支店長になることだってあるわけです。**学歴も大学名も問わず実力主義の会社もあります**。それはそれで待遇面で課題が多い会社もあったりするので、よく調べる必要はありますが……。

社会で求められるのは、受験学力より仕事能力

多くの人は、有名高校、有名大学に入れる人が偉いと思いがちですが、彼らは偉いのではなく受験学力が高い人です。「出された問題を解く力がある人」で、クイズ王です。それは、社長や市長に言われた仕事を迅速にこなす能力をはかる点ではたしかに重要ですが、人口が減り、売上が落ち、給料が下がる時代に、そういう人だけでは太刀打ちできません。

自分で問題を発見し、正解がない問題を試行錯誤しながら解ける人が、仕事の能力が高い人で、今後はこちらの能力も極めて重要になるでしょう。だから国立大も難関私大も総合型選抜を実施して、「学力のある人」だけでなく、「学力だけでなく能力が高い人」にチャンスを与えているのです。何でも点数だけで全部が決まる大学受験だった親世代に比べれば、はるかに多くの可能性が広がっています。

一方、偏差値が低い大学や無名大学に価値がないわけではありません。入学した大学を有効に活用し、大いに羽ばたくことができるのです。就職で逆転もできます。

まずは、「あなたは大学受験でベストを尽くしましたか？　その結果がこの大学なんですか？」と言われたときに、「自分は大学時代にベストを尽くしました。こう学びました。こんな成果を出しました。だから会社に貢献できるんです。採用してもらう価値があるんです」と胸を張って言えるような大学生活を送ってほしいですね。

THEME 5

推薦入学者は就職で不利なの？

 推薦入試の多様化

　東北大学や早稲田大学は、AO入学者（総合型選抜の推薦）は入学後の成績が一般選抜入学者より高いと言っています（一般選抜で東北大、早稲田に入った人、反論お待ちしています）。

「推薦入試＝学力がないからダメ」とか、逆に、「東大や東北大、早慶の推薦は優秀じゃないと受からないじゃないか」と、議論がかみ合いません。

◎ 大学受験の方法

学校推薦型選抜
・学校長の推薦が必要。書類選考・面接・小論文など。
・「公募制」と「指定校制」がある。
➡国公立・私立上位大学の公募制は難関。下位大学は全入状態。
総合型選抜
・高校名や偏差値や模試の成績に関係なく有名大も狙える。
・高校時代の成績などが重要。書類選考・面接・小論文など。
・将来のビジョン、活動実績・能力、明確な志望理由が重要。
➡国公立・私立上位大学は難関、下位大学は全入状態。
一般選抜（共通テスト利用や併願方式あり）
・国公立大は主に6教科8科目、2・3教科の大学もある。私大はほとんどが2・3教科。
・入学時のテストで点数がとれれば合格。
・学力上位の人が有利。努力あるのみ。

このような認識の違いは、推薦入試（総合型選抜・学校推薦型選抜）が多様化したため、正しく理解されていないから生じているのです。

【難関国公立】学校推薦型選抜（共通テストあり）

まず、**東京大学、京都大学などの推薦（学校推薦型選抜）**は、共通テストで高い情報処理能力が要求される上に、独創性や深い思考力が要求され、高校時代に数学オリンピックなどの高度な経験・体験をしてそれをPRしなければ挑戦権すらない、**ある意味一般選抜より過酷**な道です。東大の推薦合格者は掛け値なしに優秀だと思います。

次に、**国公立大の共通テストありの推薦**では、名古屋大、九州大など難関大の推薦はかなり難しいです。ただし、今や地方国公立大では3割、4割が推薦で入学というところも現れており、そのすべてが難関かというとわからなくなってきます。

難易度の低い新設公立大の推薦に難なく受かってしまったという事例も聞くからです。**国公立大の推薦は、大学の難易度によって実態はさまざま**と言えるでしょう。

【難関私立】総合型選抜・学校推薦型選抜（公募制）

早慶上理・GMARCH・関関同立などの総合型選抜や公募制の学校推薦型選抜は難関です。

こうした大学は積極的に公表されない附属高校や指定校からの入学者を十分に確保した上で、少数の一般選抜・共通テスト利用入試枠で偏差値を高くしており、総合型選抜はそれよりずっと枠が小さいため、難関であることが多いです。

【国公立】総合型選抜・学校推薦型選抜（共通テストなし）

国公立大の、共通テストなしの総合型選抜・学校推薦型選抜は、東北大、名古屋大、九州大クラスになると、楽勝というわけにはいきません。

ただ、地方国公立大の中には、この共通テストなしの推薦の難易度が低い大学もないわけではなく、首都圏・関西圏の有名私大よりは現実的に入りやすい大学もあります。

【中堅〜下位私立】総合型選抜・学校推薦型選抜

　この**一般的な私大の推薦が、「就職で不利な推薦入学者」と心配されるゾーン**でしょう。スポーツ・芸術などの推薦は別として、一般選抜や共通テスト利用ほど学力を重視していません。中堅私大およびそれ以下の大学の推薦入試は、実質的には全入に近いものになっているのが実態です。

　就活時に、推薦入試だったのか、一般選抜だったのかを企業側から問われることもない（はず）ですし、ましてや不利になることもありません。ただ、下位大学への入学は推薦入学まで含めて、企業から学力、能力ともに欠けていると思われがちです。

　この推薦で大学に入った学生が高く評価されないのは仕方がない部分もあり、**入学後に個人の努力でしっかり学び、経験を積み、PRできることを準備しておかないと就職で苦労する**ことになります。

 ## 「楽だから」という理由だけで推薦で入学すると……

　就職が厳しかった就職氷河期世代などと違い、今は、就職は売り手市場なので、就職できないということはありません。ただし、高校でしっかり学んで学力をつける経験をしていないおそれがある推薦組の学生が、中堅〜下位大学でやはりしっかり学ぶことなく（学ぶ人もいます）、なし崩し的に就職できたとして、今後の日本の厳しい経済・労働環境で勝ち残っていけるかどうかはなんとも言えません。

　どこかで楽をすれば、そのしっぺ返しが必ず来るのです。高校や大学でしっかり勉強や努力をしないまま社会人になって、仕事で大きな壁にぶつ

かったとき、それを乗り越えていけるかどうか、僕は不安視しています。

　推薦かどうかをエントリーシートなどに明記する必要はありません。ただ企業も不安なので、面接でそのあたりをそれとなく探るのでしょう。偏差値が高い有名大学なら、たとえ推薦で入学した学生でも大丈夫だろうと企業側が考えるのは自然です。「学歴フィルターで有名大学の学生だけが就職選考で選ばれるのはズルい」と文句を言うのは、学歴フィルターで落とされる無名大学の学生だけで、エントリーできる有名大学生は何も言いません。

　「努力せず楽をして入りやすい大学に行った→努力をしていない→忍耐力がない人→すなわち仕事ができない人」とレッテルを貼られる可能性はあります。もちろん、個人の努力で成長し、乗り越えられるとは思いますが、努力しない人も多いのです。あなたはそうなってはいけません。

推薦を選ぶなら、難関大学を狙う気概を！

　推薦のすべてが悪いわけではありません。かつてはテストの点数競争だけだった受験が、書類選考・小論文・面接などで有名大学に挑戦できるようになったことで、無名高校でも豊かな経験とやる気があれば大学受験では総合型選抜・学校推薦型選抜で大逆転も可能になりました。

　推薦には、**東大のような「高いレベルの推薦」と、全入大学の「低いレベルの推薦」がある**のです（例外はあります）。みなさんには、どうせなら難関国公立・難関私立大学の「高いレベルの推薦」に挑戦してほしいと思います。そのためには、高校1年生のときから継続的に探究学習を頑張って、入りたい大学を決め、その大学の募集要項を読んで総合型選抜・学校推薦型選抜の情報を集め、なおかつ国公立大なら一般選抜の6教科8科目の勉強も決して怠らないでください。

大企業に行くには、偏差値が 高い大学に行かないとダメ?

 大企業の社員は一流大卒が多い?

　大企業への入社は偏差値が高い大学からでないと難しいのは確かです。学校の先生や教育の専門家は、「大学の偏差値なんかで人生は決まらないぞ」と言ってくれるでしょうが、大企業の社長や人事担当者が、そんなきれいごとを言うはずはありません。どっちが本当なんでしょうか。

　僕たちが暮らしている社会は多様ですから、**学歴に関係なく成功する人もいます**。クリエイターなどは、最近は学歴も性別も、顔すら公開していない人だっていますから、才能勝負であり、どの大学を卒業したかはほとんど関係ありません。

　一方で、そうした「才能で食べている人」ではない、世の中の大勢の人はどうでしょうか。たとえば有名な会社のCMや広告に出ているタレントは学歴は関係ありませんが、それをつくっている広告会社や、発注する企業の社員は、有名大学を出た人が多いのです。なぜでしょう?

 大企業に入りやすい大学とは?

　ネットで検索して調べれば、有名企業がどこの大学から多く採用しているかや、有名企業への就職率が高い大学といったランキングはいくらでも出てきます。もちろん、例外はありますが、**偏差値が高い大学のほうが、大企業に入れる可能性が高そうです**。

たとえば、大学通信という会社が公開している、「有名企業400社実就職率ランキング」というデータがあります。上から一橋大学、東京工業大学、豊田工業大学、慶應義塾大学、と続きます。顕著な特徴は、知名度の低い工業大学の順位が高いことです。豊田工業大学はトヨタ自動車が運営している私立大学で愛知県名古屋市にあり（豊田

◎ 有名企業400社実就職率ランキング（2022年）

順位	大学名	順位	大学名
1	一橋大	11	名古屋大
2	東京工業大	12	早稲田大
3	豊田工業大	13	京都大
4	慶應義塾大	14	横浜国立大
5	東京理科大	15	上智大
6	九州工業大	16	神戸大
7	電気通信大	17	京都工芸繊維大
8	名古屋工業大	18	東京大
9	大阪大	19	同志社大
10	国際教養大	20	東北大

（大学通信調べ）

市ではない）、小規模な大学ですが受験の難易度は高く就職に強い大学です。必ずしもトヨタ自動車に就職するわけではなく、さまざまな一流企業に就職します。国際教養大学は秋田県秋田市の公立大学ですが、国際教育に定評があり人材育成に力を入れているので、大企業の評価が高くなっています。電気通信大学や名古屋工業大学はいずれも国立大学で、工業系大学が高評価を得ている事例です。

　ここからわかることは、**大企業は偏差値が高い大学の学生だけがほしいのではなく、工学や国際教養の高度職業専門性を高く評価している**ということです。誰もが有名大学には入れません。しかし、高度な職業専門性や技術があれば、就職で高い評価を受けることはできるのです。

　ランキングに入っている東京理科大学以外だと、東京では四工大（東京

四理工とも。芝浦工業大、東京電機大、東京都市大、工学院大）も就職で高い評価を受けています。地方では国公立大学はもちろん、私立大学も愛知工業大、金沢工業大、広島工業大、福岡工業大が、地元企業から高い評価を得ています。

 ## 難関大学受験に挑むことに価値がある

　専門性が高い進学先を目指しているのではなく、「なんとなく文系」の人はどうしたらいいのでしょうか？　もちろん文学も経済学も大切な学問ですが、それをそのままいかした仕事に就く人は多くありません。大学の就職データを見れば一目瞭然です。文学部で国語や英語の先生になる人も、経済学部で銀行員になる人も少数派です。

　文系はある意味どんな会社にも入ることができるのですが、職業専門性は問われない。すると、学力が問われることになり、大企業に入りたい場合には、いわゆる「偏差値が高い大学」に行くことが有利になります。できる限り、**自分にとって挑戦する価値がある、高い目標の大学を目指してください**。そして、万が一その大学に合格しなくても、入学した大学でしっかり学べば逆転はできます。

　問題なのは、大学受験で楽をしてしまうことです。親御さん世代であれば、「難関大学に挑戦し、安全策で受験難易度が低い大学を受ける。第1志望の難関大に落ちて第2志望の大学に入学する」というのは大学受験でよくあるパターンでした。

　一方今は、難関大を目指すことはなく、「絶対に落とされない、入れそうな大学」を1校だけ推薦で受けるというパターンが非常に増えています。難関大に学力選抜で挑んだ経験がない、人によっては勉強でベストを尽くしていない状態で、「入れそうな大学でいいや」と入学した人は学習

習慣がついていません。そのような人が、入学後に大学で一生懸命勉強するでしょうか？　もちろん、しっかりやる人もいるでしょうが、やらない人も多いはずです。受験勉強を頑張って難関大に挑戦した人と、「入れそうな大学でいいや」という人、あなたが入りたいという大企業は、どちらの学生を求めるでしょうか？

　重要なのは、有名大学に入ったことではなく挑戦したことです。もちろん、難関大に入って終わりではなく、大学時代に何かに全力で取り組み、挑戦し、壁を乗り越えた経験をしてください。大企業だから仕事が楽で簡単なんてことはなく、仕事にはさまざまな試練や壁があります。そのとき、**学生時代に挑戦した経験が多い人のほうが、仕事で大きな結果を出すことにつながりやすい**のです。

 ## 今から挑戦する習慣を身につけよう

　大企業に入りたいのなら、高校時代、大学時代に楽をすることを覚えてはいけません。挑戦してください。

　まずは高校時代、勉強や課外活動・探究学習で**あらゆることに挑戦してほしいのです。その経験があれば、大学が無名だろうが有名だろうが、何者かになれる**でしょう。「自分は有名大学出身でないから、大企業に入れない」と言っている人は、自分の能力のなさ、努力していないことを宣言しているにすぎません。

　高校時代、大学時代にベストを尽くし、真剣に考え、行動し、結果を出してきた人であれば、そんなことは言わないはずです。自分が努力してこなかったから入りたい会社に入れなかったのを、出身大学のせいにするのはやめましょう。

文系と理系、どっちが就職に有利なの？

理系クラスや理系大学には人数の制限がある

高校2年生ぐらいになると、多くの高校では文系か理系かの選択をすることになります。これは大学選び・学部選びにも直結していきます。

文系クラスを選べば、英語、国語、地歴公民を中心に学び、文学部、経済学部、経営学部、法学部、社会学部、国際学部といった文系学部を選ぶ傾向が強まります（例外もあります）。

一方、理系クラスを選べば、理学部、工学部、農学部、薬学部、医学部（＋歯学部）、医療系学部、一部のデザイン系学部や家政系学部（建築、栄養など理系要素が強い分野）といった、数学や理科を重視して技術を学ぶ傾向の強い理工系の学部に進んだり職業に就いたりする傾向が強まります。

「文系と理系、どっちが就職に有利なの？」と問われれば、大まかに言うと理系です。医学部や歯学部に行けば医師や歯科医師になれますし、看護やリハビリテーションといった医療系学部・学科も仕事につながります。工学部は高度な技術職としての専門性が身につきます。だからと言って全員が理系に行くことはできません。理工系学部のほうが文系よりも入学定員が少ないからです。いくら**理系が就職に有利といっても、人数制限がある**ということです。

同じことは高校にも言えます。文理選択といっても、実際にはあなたの高校ではクラス数が決まっているでしょう？　先生の人数に限りがあるか

ら仕方ありません。学力の高い名門高校では文系と理系が半々になっていることもありますが、自称進学校になってくると理系クラスが減ってきます。理系クラス自体が設置されていない高校もあります。理系の大学に進みたい場合は、高校選びも重要になってくるわけです。

文転は可能だが、理転は困難

あなたが本当に哲学や歴史を学びたければ文学部に行くべきで、「就職が強いから」という理由で理系学部志望にするのはおすすめできません。また、文系の人が理系に変更する（理転）のは困難なので、最初からそれを想定するのはやめたほうがいいでしょう。

逆に、理系の人は受験時期に文系学部志望に変えること（文転）は難しくはありません。経済学部では数学重視の入試を実施している大学もありますし、国立大学は多くが共通テストで6教科8科目を課すからです。

理系クラスを選んだあとに、どうしても本当に学びたいことが文系の学問なら文転してもいいのですが、一度理系を選んだ以上は、理系の学部・学科選びを中心に考えていきましょう。就職では文系の職業に就くことも不可能ではありません。

理系学部選びのポイント

偏差値が高いほうが偉い、とは言いませんが、優れた研究環境、教育内容などは、どうしても伝統ある大規模な上位大学が有利になります。探究学習を進める段階で、自分が学びたい専門分野はどの大学が強いのか、どんな学科にどんな先生がいるのか、どんな研究成果をあげているのか、ノーベル賞級の研究者が在籍しているのかなど、理系の学部・学科選びは、研究者や研究論文、大学の研究水準までしっかり調べることを強くおすす

めします。研究・教育・就職に定評のある、企業や地域から評価が高い大学を自分で探しましょう。

　理系大学の多くはオープンキャンパスや学園祭で研究公開や実験室公開をしており、研究者である大学の先生や大学院生から話を聞ける機会がありますから、ぜひとも大学に足を運び、研究の現場に触れ、やる気をみなぎらせておくといいでしょう。

　公開講座やシンポジウム、高校生向けの理工系イベントなどを開催している大学も多いので、とにかく機会をつくって大学に足を運び、先生や学生と話し、自分に合った教育・研究のできる大学をしっかり探してください。

 ## 文系の大学に進んでもデジタルスキルは必須

　文系学部の人が理系より就職に不利というわけではありません。文系の学部・学科の中から、自分の学びたい学問分野を選べばいいのです。

　ただし、世の中はデジタル化、情報化が進み、デジタルスキルは必須になっています。**文学部でも経営学部でも、最低限のデジタルスキルは身につけておいたほうがいい**でしょう。教養レベルでいいので、AI、データサイエンス、AR・VR、プログラミング、ウェブマーケティングといった分野に関心をもって大学時代に知識を蓄えておくことをおすすめします。最近は文系学部でもそうした科目が増えてきました。

　社会は全体的に理系化しています。文系志望のあなたも、高校の理科や数学を決して軽視せず、世の中の動きに常にアンテナを張り、自分で学んでおきましょう。

「文系か理系か」ではなく、あなたが何者であるかが大事なのです。GMARCHや横浜国立大などの経済、経営学部では、今やメーカーでも金

融業界でも公務員でもなく、情報通信業界に就職する学生が多くなってきています。

　自分は文系だからと高校生の前半で理科や数学を捨てる生徒が山のようにいますが、あなたはそうなってはいけません。

 ## 文系・理系に関係なく、自分で何かを創造する！

　世の中は、数学ができる人が数学ができない人を操っています。たとえあなたが文系でも、数学ができる側、数字が読める側へ行ってください。そうしないと、知らず知らずのうちに、数学ができる頭がいい人に都合よく使われる人生になってしまいかねません。

　あなたがスマホで楽しんでいるあらゆるコンテンツは、SNSもゲームも動画もスマホそのものも、誰か頭のいい数学ができる人がつくり出したものです。その人たちや企業が、あなたにどんどん課金してもらおうと次々に娯楽を提供してきます。

　スマホで娯楽を楽しむのはもちろん構いませんが、他人に課金させられるだけの人生ではいけません。自分で何かをつくり出し、世の中にインパクトを与え、世界をよりよい方向に変えてください。理系の人はそれができますが、文系のあなたにもできないことはありません。

　文系と理系では、ざっくりとは理系が有利ですが、文系も自分次第です。**大学の名前や学部名に縛られず、自分のやりたいことをやって、人生を実りあるものにしてください。**

　高校生だと家と学校が社会のすべてになってしまいがちですが、大学生になれば世界は大きく広がります。お楽しみに。

国公立大と私立大、どっちが就職に有利なの？

首都圏・関西圏と地方では、大学選びの基準が異なる

　多くの人は住んでいる地域の大学に行くので、国公立か私立かでは悩まないのです。たとえば東京、首都圏に住む人の多くは、わざわざ都心から離れて遠くの県の大学に行きたいとは思いません。家から通える大学に行くでしょう。共通テストの6教科8科目の勉強をするのは大変なので、首都圏の国公立大を目指す人は限られます。首都圏には優れた私大がたくさんあるので、早慶などのトップ私大が無理そうなら、レベルを少しずつ落として自分の実力に合った私大を目指します。

　関西圏では、国立の京都大、大阪大、神戸大が君臨し、大阪公立大などがこれに続きますが、やはり国公立大を目指すのは上位高校に限られ、多くの受験生は私大を目指します。

　それ以外の地方在住の高校生だと、まったく事情が違ってきます。基本は地元国公立大学を目指します。極端なことを言えば、**有名私大が尊重されるのは首都圏と関西圏だけ**で、実は**日本は「有名私大文化圏」と「国公立大文化圏」に二分**されているのです。

理系なら国公立大も就職に有利

　さて、それでは国公立大と私大、どちらが就職に有利なのでしょうか。地方の人は国公立大が格上と思いたいようですが、はじめから国公立が眼

中にない首都圏・関西圏の有名私大の学生は、はっきり言って優秀です。また、伝統ある名門私大は社会で卒業生が多数活躍しています。

　東京にはあらゆる産業が集積しており、ヒト・モノ・カネが集まっています。そう考えると、地方の受験生であっても、東京に憧れて東京の私大に行きたくなる人が現れるのも仕方がないのかなと僕は思います。

　そうは言ってもこれは主に文系の話。理系は事情が違います。**地方の国公立大の理工系学部はおおむね研究・教育水準が高く、都会の私大以上に高い評価を受けている大学がたくさんあります**。就職も地方だから不利ということは一切なく、東京などの大手メーカーにバッチリ就職できます。このことを知らないで首都圏・関西圏私大だけを選択肢にするのは惜しいかなと思います。

 ## 大学選びで大事なのは国公立か私立かではない

　国公立大と私立大、どっちが就職に有利なのか、というよりは、大学の序列のほうが重要です（もちろん、例外はあります）。「難関大学のほうが就職に強い」ということは企業の世界では常識なのに、教育の世界でこのことはタブーなのです。一般的にはこれで間違いありません。

　ただし、誰もが東大には入れないし、すべてが大学の序列どおりではありません。努力や能力には個人差があるからです。

　まず、大学受験においては、個人としてベストを尽くしてください。東大に行けというのではありません。妥協しない、ということです。とりあえず「入れそうな」近所の有名大学を志望校にするのではなく、自分が興味・関心をもって研究したいことを探して大学を選びましょう。

大学名で就職が左右されるという価値観を疑おう

受験によって出された問題が速く正確に解けていい学校や会社に行ける人だけが価値があるかのように思い込まされている人も多いのですが、**まずは「就職に有利」という価値観そのものを疑ってください。**

本書を読んでいる高校生の多くは、まだどんな仕事、どんな会社に行きたいか決まっていない人も多いはずです。多くの大学生は、3年生で就職活動をしながら、はじめて真剣に自分と向き合い、キャリア＊を考えていく傾向が強いからで、就職に強いとか弱いとかは、まだ、何者でもないあなたの不安が引き起こした幻想にすぎません。

たとえば、医師や看護師、管理栄養士、学校教員など、はっきりした目標や目指す仕事が決まっている人であれば、大学生になってから大学の名前で悩むことはないはずです。大切なのは仕事のプロフェッショナルになることなのですから。

将来の就職の有利不利を心配せず、まずは、明るい夢や希望をもって、それに近づけるような大学への入学を目指しましょう。入学した大学では、そこがどこであろうが、自分なりにベストを尽くして真摯に学び、さまざまな活動に挑戦していけばいいのです。そうして何者かになれば、自信がつき、大学の名前だけで就職が決まるという価値観からは解き放たれるでしょう。

たしかに、有名・難関とされる大学のほうが、大企業・有名な会社への就職に有利な面があることは否定しませんが、最後は個人の力です。**大学で何を身につけ、入りたい会社にどんな能力で貢献できるのかを、自信をもって話せるようにしておけば、大学の名前に関係なく、あなたは何者かになれる**でしょう。

「何が就職に有利か」と考えるより、豊かな経験を積め！

　そのために重要なことは、とにかく自分で動くことです。高校までは家と学校の往復、あるいは塾を含めたトライアングルのような生活だった人も多いかもしれませんが、大学生は違います。サークル活動、海外留学、資格取得、インターンシップ、国内旅行、趣味、何でも自由にできる時間が大幅に増えます。**大学時代に豊かな経験を積んで、将来の糧としてください。**

　気になるのは、アルバイトにかなりの時間を費やしてしまう学生が多いことです。適度なアルバイトはよい社会経験になりますし、学費や生活費が必要なのは理解できますが、大学⇔家⇔バイト先のトライアングルになってしまうと、広い世界で学ぶ機会がありません。くれぐれもアルバイトのやりすぎには注意してください。働くことは大学を卒業したら50年ぐらい、嫌でもできます。さまざまな学びに専念できるぜいたくな時間をもてるのは大学生の特権です。

　同じ会社を受ける学生の中には、目覚ましい体験をPRしてあなたを圧倒する人もきっといるでしょう。就職活動の本番で萎縮しないためにも、大学時代には「自分よりすごいやつ」にたくさん会いましょう。ほかの大学の学生に会えばその可能性も高まります。

　そして、「何が就職に有利か不利か？」など気にしない、ゆるぎない自信や信念を手に入れてください。あなたならそれができます。

＊**キャリア**：キャリアは多くの意味や概念をもつが、ここでは「職業」「職務経験」や「職業生活を設計する過程」を指す（厚生労働省HPより）。

就職がいい学部・学科ってあるの？

学部選びに迷うのは「なんとなく進学」の学生

「みんな大学に行くから、なんとなく自分も大学進学志望」という人も多いでしょう。高卒で働く気はないし、調理師や美容師といった専門学校に行くのも、自分の将来が決まってしまうようで選択肢にない。

そして、「どこの学部・学科を選んだらいいかわからない」と言っている学生が専門学校を選ばないのと同じ理由で、**無意識に除外しているのが専門性の高い学部です。**

動物関連の仕事志望なら畜産学科や動物科学科がおすすめ

多くの人は、高校の理科や数学の勉強が大変な理系学部を除外して「行きたい学部がない」と言います。

医学部や歯学部は、ほとんどの人が現実的ではありません。薬学部も、薬剤師や研究者を本気で目指す人だけ。保健医療・リハビリテーション系は、医学部と同じようにその仕事に就きたい人が行く専門性の高い学科なので、「やりたいことがない」人が行く学科ではありません。

動物の仕事がしたいけれど、獣医学部は医学部並みに難しいのであきらめる人も多いですが、最近そういう人は動物看護系学科を探してきます。動物看護系学科も4年制大卒資格ですから、専門学校に比べれば大卒として一般企業に入る門戸は広がっており、動物関連の企業に就職できる可能

性はあります。ただ、動物看護師は人間の看護師と比べ、まだ職業専門性や待遇がしっかりしていないことは知っておいてください。

そういう人には、**獣医学部や農学部にある畜産学科や動物科学科をおすすめします**。動物看護系学科よりも学問としての伝統があり、なんらかの形で高度専門職業人として動物にかかわる仕事に就ける可能性が高いからです。

 ## 理工系で就職に強いのは工学部

理系学部で残るは理学部、工学部、農学部（水産系含む）です。

まず理学部は数学、物理、化学、生物、地学など、高校でなじみのある分野です。宇宙や天文といった物理や地学を応用した分野が深く学べる大学もあります（多くは難関国立大です）。理学は産業に直結しないため（最近は数学科や物理学科などはIT業界に強いとも言われます）、純粋に科学を学びたい人、研究したい人が行くのは止めませんが、「なんとなく」で行くと結局なりたいものになれず（研究者への道は険しい）、後悔することになりかねませんので、覚悟を決めて選びましょう。

「就職がいい」ということなら、工学部を強くおすすめします。中でも機械工学、電気電子工学です。高校生に人気が非常に高い建築、応用化学（生命科学を含む）は、機械電気系に比べると若干微妙です（就職できないということではありません）。

ここまでで紹介してきたように、医学部、歯学部、薬学部、獣医学部、医療系学部などを考えている人は除きますが、残る理系学部の中なら、**入学定員も多く産業界のニーズが強い工学部**を考えるのが自然です。

工学部の多くは、機械工、電気電子工、応用化学、土木工、建築、情報工などの学科で構成されています。材料工、応用物理、生命科学、資源、

環境といった学科やコースを設置する大学もあります。

これらはどんな研究ができ、将来、どんな職業に直結しているのか、どんな企業に入社できているのかなどを、大学のホームページやパンフレットでよく調べてください。

文学部だって就職に不利とは限らない

「文学部に行くと就職できませんか？」と聞いてくる高校生がいます。東大や早慶の文学部卒は無職ですか？　そんなことはありません。早慶は就職先を公表していますが、文学部卒も就職先は一流企業ばかりです。

ただ、経済学部や法学部などの社会科学系学部に比べ、給料が高い大企業に入りたいとか、見栄えのいい会社に行きたいという人が少ないため、いわゆる有名企業に入社した人数や比率が低いのを「文学部は就職が悪い」と言いたい人が言っているだけです（例外はあります）。

文学部で文学や歴史や哲学や心理学や社会学を学びながら、大学時代にやりたい仕事、入りたい会社、なりたい職業などをしっかり考えて行動しておけば、学部・学科で優劣を感じる必要はまったくありません。

学部選びに「就職に強いかどうか」は重要なのか？

就職がいい学部・学科を選ぶという視点自体は、僕は悪くないと思います。仕事につながりやすい技術を学ぶ学部に行ってもいいし、就職に強い工学部や情報系学部に行ってもいいし、農学部に行って何か新しい産業につながるような研究をしてもいい。

文学部は就職が悪いから避けるのなら、じゃあどこに行きますか？　経済学部ですか？　経済学は本当に興味がないと面白くない世界ですよ。最近は高校生には企業イメージのわきやすい経営学部も人気がありますね。

文系で就職を考えるのなら経営学部もいいでしょう。公務員や弁護士、企業法務に興味があれば法学部法律学科もいいし、国際政治や地方自治に関心があれば法学部政治学科もいいでしょう。

社会学部でも国際学部でも、**文系はどこも出口は極端に変わらないので、好きなところに行けばいい**のです。どうせどこに行っても、あなたが受け身で授業を黙って聴いているだけでは、どんな有名大学に行こうが何者にもなれません。

就職に強い学部に行きたいが、理工系や医療系を避けているあなたは、実は楽なほうに逃げているだけで、「仕事ができない人」「何の専門性もない人」になろうとしていませんか。高校生の段階でその易きに流れる選択をしている自分のヤバさに気づいてください。

教育、保育とか、看護、栄養、理工、情報などを選んでいる友達のほうが偉いと言っているのではありません。就職に強い大学・学部や、その結果としてあなたが期待しているであろう大企業、一流企業、待遇のいい会社に、何者でもないあなたが貢献するのではなく依存する、そのメンタリティがヤバいのです。それでは、企業側はあなたを歓迎してはくれないでしょう。

あなたは何ができますか？　入社したい会社にどう貢献できますか？何の高度職業専門性を大学で身につけましたか？　就職試験でこう問われたとき、答えられるようにしなければなりません。

しつこいようですが、**将来のことを真剣に考え、本を読んだり、世の中の出来事に関心をもって自分で調べたり、発表したり、いろんなことに挑戦してください。**そのうちに、「就職に強いから」以外の志望理由、志望学部が見えてくるでしょう。

人と接するのが好きな人は、接客業に向いているの？

 接客業を目指す人の夢と現実

「人と接するのが好きだから、それを仕事にしたい」という人が多くいます。志望するのは介護福祉職や保育士、看護師、CA（キャビンアテンダント）・グランドスタッフ、接客業（飲食・ホテル・ブライダルなど）といった感じですが、この人たちの多くは根本的な勘違いをしています。接客業の多くは感情労働*であり、精神がすり減ってボロボロになって仕事を辞めがちで、しかも低賃金で休みが少なく、結果的に若者の夢を食いつぶしている傾向が強いのです（そんな会社ばかりではないですが）。

　この夢と現実のギャップはどうして起きるのか？　まず、高校時代から考えましょう。あなたが人と接するのが好きなのは、あなたが、家族や先生、友達といった好きな人だけに囲まれてきたからです。嫌なことも多少あったでしょうが、今までのあなたは良好な人間関係を保ち、周囲から愛されていたのです。これは、専門学校や大学に進学しても、まだ覚めない夢です。同じ学校で看護師や保育士などの夢に向かって頑張る仲間たち、支えてくれる先生に囲まれているのです。実習先で多少は社会の嫌な面も見るでしょうが、まだ学生ですし心は家と学校にあります。

　さて、社会人になりました。ここで多くの人が気づくのです。学校と違い、会社では**「嫌な人との交渉」こそが仕事**だと。「嫌な先輩・上司・社長」「嫌な客」「嫌な患者」「嫌な同僚」「嫌な保護者」……。自分を愛して

46

くれる「いい人の世界」から、利害がぶつかる「社会人の世界」へ。そのとき、「人と接するのが好き」は反転します。

「他人」との人間関係は、わずかに楽しいこともあるでしょうが、苦痛も非常に多いのです。だから、看護・福祉・保育・接客系などは、離職率が高いのです。ところが夢をもった若者はどんどん来ます。「代わりならいくらでもいる」ということで、若いうちに数年で辞めてくれたほうが人件費がかからないので企業も助かります。これが現実です。

 ## 精神的サバイバルスキルを身につける

では、どうしたらいいのでしょうか。まずは精神的にタフになるしかありません。次に、**限られた精神力を使いすぎない**ことです。

昔、ある大学の学生相談室の前を通りかかったら、三重丸の図が貼ってありました。それぞれにA、B、Cと書いてあります。真ん中の丸Aは、「自分の大切な人・重要な人」。Bの丸は「自分が接しないといけない人」。最後のいちばん外側の丸Cは、「その他大勢」。我々の精神力のキャパシティーは限られているのに、精神的に疲弊してしまう人は、BやCの人にまでAの精神力を使ってしまう、といった趣旨が書いてあり、なるほどと思いました。

高校生の「人と接するのが好き」は、ほぼAの丸の相手だけです。Bのクラスメートや先生とですら、接するのが苦痛なこともあるでしょう。まして、接客

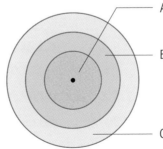

A 自分の大切な人・重要な人

B 自分が接しないといけない人（先生、クラスメート、会社の同僚など）

C その他大勢（客）

接客業はCの人にも精神力を使わなければならない

業の多くはCの丸の大多数の人にまで精神力を使わないといけません。ここで**実社会で生き延びるサバイバルスキルを身につけることが重要**になるのです。

 ### 人と接するのが苦手な人は……

「人と接するのが好き」な社交的な人とは逆に、「人見知りで人と話すのが苦手、営業や接客業に就きたくない」という人もいるでしょう。こうしたタイプの人は、「人と接するのが好き」な人と違い、今までに人間関係に苦しんできた経験があると思われます。安心してください。つらいのはあなただけではありません。

　野生動物を思い浮かべてください。人間に出会うと、基本的に逃げますよね。あれが動物の本来の姿です。僕たちも、心を許したごく一部の集団を除けば、他人と接するのは精神力を使い、困難なものなのです。それを、明るく、陽気でなければいけない、常に朗らかでなければいけないと強制されるから、接客業などの人は精神的に疲れきってしまうのです。

　あなたが他人を愛するほど、他人はあなたを愛してくれません。無理をしないでください。**「適度に距離を置いてつき合う」**のが大事です。**人間関係で自分が疲弊するような無理な精神力の使い方をしない**ことです。

　大学では、同じクラス全員で授業を受ける機会は大幅に少なくなるので、人間関係の苦痛はかなり減ります。それが居心地がよい人もいるでしょう。ところが社会人になると、また会社の人間関係はクラスのようになります。そこが問題です。ただ、学校のクラスに比べれば、会社や組織の人間関係は業務に限定されたものが多いので、濃い人間関係に苦しまないために自分なりにできる工夫はありますし、嫌なら転職すればいいのです。最低限の精神力でできる仕事を選ぶという手もあります。仕事で圧倒的な結果を

出せば、少々人間関係に疎くても、他人に尊重されることもあります。

大人になれば自分の人生を自分で選べる範囲が広がります。あなたにとっての居心地のよさが大事なのです。大学選びも就職もです。

 ## 人と接するための最低限のスキルを身につける

人と接しない仕事を選んでも、最低限の人間関係からは逃れられません。社会生活を営む以上、「相手に不快に思われない程度の身だしなみ」という最低限のサバイバルスキルだけは身につけておきましょう。

見た目を清潔にする、服装や髪型に気を配る。自分が相手からどう見られているか、どんな印象を与えているかを少し意識する。適度に友達や同僚、上司と会話をし、それとなく自分の見た目や仕事の改善点があればアドバイスをもらい、自分で努力して直すぐらいのことはしておいたほうがいいでしょう。

いくら人を拒む野生動物でも、仲間の世界でまったく孤独では生き残れません。**最低限でいいので、常に自分が改善、努力をして、自分自身や周囲を心地よくしていくことを心がけてください。**自分がうまくいかないのを他人や社会のせいにすると、いつしか自分の精神がねじ曲がってしまい、変な形で世の中や他人を恨むことになりかねません。それは、いずれ自分自身をも不幸にします。

自分にとって、完璧に居心地のよい世の中など存在しないのです。**接客が好きだという人は、自分が疲弊しないように、人づき合いが苦手な人は、できる範囲での改善から始める。どちらも、「無理をしない」「でも、できることからやる」**のが大切です。

＊**感情労働**：業務をする中で、自分の感情のコントロールが必要な職業のこと。

お金持ちになるには、どうすればいいの？

 貧しくなっている日本

　お金持ちになりたいという高校生が結構います。僕は別に悪いことだとは思いません。自分のやりたい仕事でしっかり社会に貢献し、高い賃金を得てよい暮らしをするという夢を抱くことは構わないと思います。問題は、**今の日本では高い収入を得る仕事が限られている**ことです。

　一部の大企業の給料や新卒の初任給は上がっていますが、大多数の一般の人の給料は、残念ながら30年ほど下がり続け、**日本は今や先進国の中でも貧しい国になってしまいました。**すでに部長以上の給料は東南アジアのタイにも負けているそうです。

　高校生のみなさんは、大卒初任給20万円というと大金に思えるでしょうが、30年前からほとんど上がっていません。ところが、物価はどんどん上がっています。税金もどんどん上がっています。僕たちは、貧乏になっているのです。アメリカや香港に行けばラーメン1杯3,000円とも4,000円とも言われています。もはや貧しい日本人は海外旅行に行くのも難しくなってきました。

　世界中から観光客が日本に来てくれますが、それは日本の物価が安いことが理由の一つです。若い頃、物価の安い東南アジアや中国に旅行に行った経験がないか、周りの大人に聞いてみてください。僕も2000年に大学の卒業旅行でベトナムに行きましたが、フォー（ベトナムのうどん）は1杯

50円でパクチー入れ放題。ずいぶん安かった思い出があります。でも、今は違います。

どうして日本は給料が下がり、景気が悪い時代が30年も続いて衰退しているのでしょう。くわしく書くのは本書の目的ではないので、自分で調べてください。理由の一つには少子高齢化があります。**人口が減り、モノを買う人が減って、モノが売れなくなり、会社が儲からないので、給料が上がらない**のです。

そんな時代しか知らないあなたが、豊かになりたいと思うのは当然でしょう。国も地域も貧しくなり、多くの人は年収400万円台でなんとか暮らしているのです。経済的にもっと苦しく、大学に行くのもままならない人もいるでしょう。

日本の子どもの6人に1人が貧困状態と言われています。海外の貧しい国の子どもを救いたいという高校生がいますが、あなたが助けないといけない子どもは隣にいるのです。

方法①：給料が高い会社に入る

では、そんな日本でお金持ちになるにはどうしたらいいのでしょうか？

まずは**給料が高い会社に入ること**です。大阪に本社のある電機メーカーのキーエンスは平均年収2,183万円（2023年：平均年齢36.1歳）です。すごく高い給料ですね。みなさんが名前を知っている大企業も、ネットで調べれば給料の額はわかりますから、そういう会社を目指すのも手でしょう。

もちろん、有名な大学に入ったり、高度な専門性を身につけたり、入社試験でPRできるような経験を大学生時代に積んでおく必要があります。あなたが入りたい、**給料が高い大企業にとって、あなたが必要な人材にならなければいけません**。誰もが入れるわけではないのです。

方法②：起業して社長になる

　もう一つの方法が起業です。どんなに給料が高い大企業に入っても、仕事で成果をあげても、会社が定めた賃金以上の膨大な収入を得ることはできません。

　僕はかつて出版社の編集者で20万部のベストセラーを出しました。作家の先生には多額の印税が入りましたが、出版社の社員である僕はいつもどおりの給料でした。そこで僕は思ったのです。自分で作家になればいいと。そして独立しました。

　今や東大生でも、官僚や大企業ではなく、外資系企業を目指したり、自らベンチャー起業家になる人が増えているそうです。この本の共著者の小林先生もそうですね。若いみなさんには豊かな才能があります。時間もあります。日本人の給料は30年間上がらず、ほかの先進国やアジアの国々に先を越されています。あなたはどうしますか？

　幕末の坂本龍馬や西郷隆盛や高杉晋作といった維新志士を思い浮かべてください。彼らは好き勝手できたのではありません。藩の上役は頭が固い老人ばかり、しかも権力はあり下手をすれば切腹させられます。そんな状況の中で必死にもがき苦しみ、明治維新を成し遂げた彼らが、僕には、現代の高校生や大学生と同じに見えるのです。

　人口の多い老人ばかりが国家や経済の中枢を握り、選挙に行くのも人口が多いお年寄りばかりです。僕たちの世代ですら、若いみなさんの足を引っ張っているかもしれません。

　でも、**苦境だからこそみなさんは改革者として時代を変えることができる**のです。

お金持ちになりたいのなら、自分に付加価値をつけろ！

お金持ちになるには、「給料が高い会社に入る」か「自分で起業して社長になる」の2つです。どちらにせよ、**「自分の付加価値を高める」ことが重要**になってきます。売れっ子のYouTuberでも起業家でも、あなたが尊敬する人を想像してください。高い付加価値を人々に提供しているはずです。「言われたことだけをやる会社員」ではこうはいきません。誰もがお金持ちにはなれないのです。

あなたがお金持ちになりたいのはOKです。**「何の仕事でお金持ちになりたいか」「それはどう人々を救うのか、貢献するのか」を常に考えてください。**そうすれば、進学したい学部が決まってくるはずです。

医学なのか、工学なのか、農学なのか、あるいは経営学部で学問としての経営学を学ぶのか、文学部で作家になるのか。あなたが何になることが、**最もやりがいがあり、社会に貢献し、しかもあなたが豊かになれる道で**しょうか。**自分がお金持ちになりたいというだけでなく、誰を幸せにしたいか**をよく考えてください。そうすれば、進学から就職の道筋が見えてくるはずです。

物価が上がり、給料が下がり、人々はモノを買うのを控えたり、倹約したりして生活防衛しています。しかしそれによってますますモノが売れなくなり、会社は儲からず、給料が上がらないのです。

今後も日本でこの状態が続けば、あなたも周囲の人も長い目で見て幸せにはなれません。どうすればいいのか、僕たち一人ひとりが考え、行動していきましょう。

安定しているから公務員に なりたいのですが……

 地方公務員がやるべき仕事って何？

　地方の高校生の話を聞くと、「公務員になりたい」という人がとても多くいます。ほとんどは警察官や消防官ではなく、市役所や県庁といった地方公務員です。志望理由は「地域の役に立ちたいから」とみな口をそろえて言いますが、本音は地方公務員が**民間企業のように厳しい競争にさらされることや浮き沈みのない「安定した職業」だと思っているから**です。ところで、公務員って本当に安定しているのでしょうか？

　地方公務員志望のみなさんの多くは、自分の住んでいる町が衰退して疲弊していることは、高校の探究学習で知っているはずです。地域の人口がずっと減少していることも、これからもっと減ることも知っているはずです。あなたが40歳の公務員になる頃に、あなたの町はどうなっているでしょうか？

　日本は生産年齢人口が減り続けています。いわゆる人手不足です。さらに、高付加価値の新しい先端産業が生まれる可能性も低く、自治体は税収が増えません。あなたがなりたい公務員、県庁や市役所は貧乏なのです。多くの自治体は政府から地方交付税交付金＊をもらわなければ財政難で自治体の維持すらできません。下手をすると水道や公共施設のインフラも維持できないのです。すでに、財政難から公共施設を削減する自治体まで現れています。

　町中の人はお金がないのに、公務員だけが安定した給料をもらうと市民から恨まれます。今後、自治体職員の給料が劇的に上がる可能性はほとんどありません。「公務員で地域の役に立てれば、高い給料など求めない」とあなたは言うかもしれません。

　では、公務員になったあなたは本当に地域を豊かにできますか？

　これからの公務員は、放っておいたら人口が減少し税収が減りインフラも維持できなくなる**自治体の衰退を食い止めないといけない**のです。

 ## 公務員こそビジネスマインドが必要

　安定だけを求めるなら公務員になってはいけません。現状維持は衰退なのです。

　地域を豊かにできる、税収を増やせる、人口を維持できる、高付加価値の新産業を生み出せる、衰退する地域で頻発するさまざまな問題を解決できる。公務員にこそ、「ビジネスマインド」が必要になってきます。

　都会の先端的な産業でバリバリ活躍できるぐらいの力をもって地域に貢献できる。そんな公務員でなければ、必要とされません。安定を求めている人、何もできない人、市長や上司に言われたことだけをやる人、人口と税収が減る故郷をボーッと眺めながら、地元民間企業で働く人よりも給料が高い人、そんな公務員はいらないのです。

 ## 地元に貢献したいのなら、公務員以外の方法もある

　自分の故郷が好きで、地域に貢献したい気持ちはわかります。しかし、商店街の活性化を図ろうがショッピングモールができて、地域のお祭りをPRしようが参加者が減っていく町で、あなたが高校でやっている探究学習の地域おこしは、根本的な解決にはなりません。まず、いったん、「地

元国立大学に行って地方公務員になる」というルートを疑ってください。ほかの道を探してください。

　高度な職業専門性を身につけて、都会の会社で人脈をつくり、何者かになってから故郷に帰ってきて、新しい産業をおこし、売上を伸ばし、地元の人を従業員として雇い、ほかの地方、特に都会からも魅力を感じて人が集まるようにして、地元自治体にたっぷり税金を納めて故郷に貢献するのも、あなたが本当に愛する故郷にできることではありませんか？　地方にはそうした企業もあります。市役所、県庁ではなく、まずはそうした産業や企業を調べてはいかがでしょうか。

　そして、そうした会社の多くは製造業や情報通信産業ですから、理工系の大学に行くことも検討すべきです。観光だけで豊かになっている地域はほとんどありません。

　というわけで、「安定しているから公務員」という人には**「高付加価値の先端産業をつくって地域の税収を増やす」**という選択肢も僕は提供します。

 従来のイメージではなく先端産業を自らつくる公務員に！

　公務員志望だと法学部や経済学部を考えがちですが、あえてここは工学部、そして農学部も新しい産業を生み出せる学問です。あるいは、そうした理系人材と組めるような総合大学に行く。

　地元を愛するからこそ都会や他県の大学に行って学ぶ。江戸時代の維新志士は江戸や長崎まで学びに行ったでしょう？　アメリカでもヨーロッパでもオセアニアでもアジアでも行けばいいのです。

　日本が失敗している面で成功している国も多くあります。自分たちの国がいちばん豊かで偉いという誤ったおごりを捨て、明治維新のときの日本

人のように海外の先進事例から真摯に学ぶのです。自分に、自分の国に何が足りないのかをもう一度気づいて変わるしかありません。

　海外留学も単なる語学留学ではなく、開発経済学や国際政治、コンピュータサイエンスなどの何か高度な専門性を意識した学びにトライしましょう。できればアルバイトではなくインターンシップを経験して海外で就業体験をするとよいでしょう。

　そうして地元に帰ってくると、故郷の因習（いんしゅう）に阻（はば）まれて、好きなことができないことに気がつくでしょう。お役所の硬直化した体制や、地域で権力をもっている会社や組織、個人に阻まれて改革ができないなど、子どもの頃、高校で探究学習をやっているだけでは見えなかった、日本の地方の深刻な問題点です。これらが数十年にわたって地域を衰退させてきています。

　安定を求めて公務員になってしまった将来のあなたが、古いシステムの居心地のよさに取り込まれ、都会や海外からせっかく来てくれた新しいことをやりたい人、東京から故郷に戻ってきてくれた人の足を引っ張り、失望させないことを切に望みます。誰もそんなことは望んでいないのに、なぜか地方ではそんなことばかり起きています（もちろん、成功事例もいっぱいあります）。

　地域の役に立ちたいあなたが学ばなければいけないことはいっぱいあり、それを実現できるのは必ずしも公務員という道だけではありません。仮に公務員を目指すとしても、今までのような公務員ではダメだということは感じてほしいです。

＊**地方交付税交付金**：地方自治体の格差調整のため、国から支給されるお金。

誰かに与えられた人生で満足ですか?

消費し続けるループから脱出するには?

スマホには娯楽があふれていますが、その多くはあなたから時間とお金を奪おうとしています。価値のありそうなコンテンツだろうが、面白いゲームや動画だろうが、です。スマホが与えてくれるゲーム、動画、SNSで、あなたが自分でつくり出して稼いでいるものはまだ何にもありません。あなたはどこまでも消費者なのです。

今後の人生、誰かにそうやってお金をささげるために、好きでもない安くてきつい仕事を体が壊れるまでやりますか? この無限のループから脱出するには、誰かに与えられたものをこなす人生から、自分で考え、つくり出す人生に転換することです。

与えられた情報を信じて自分で考えるのをやめていいの?

たとえば、偏差値の低い大学には価値がないと言っている動画があったとして、それは配信者の意見でありあなたの意見ではありません。もちろん、世の中にはそういう意見があることは認めてもいい。でも、あなたが自分の意見をもたないで他人の意見をうのみにしているだけでは、自分の人生を生きているとは言えません。

クリティカル・シンキングを身につけ、批判的に物事を見る目を養いましょう。批判と言うと日本人はすぐ悪口や誹謗中傷と考えてしまいます。

ネットはそうした不平不満の巨大なモンスターです。見ているだけで一生娯楽として過ごせるでしょう。あなたが何もしなくても、悪い出来事が起き、炎上して騒ぎが起きる。そうやってニュースを追いかけるだけで、あなたは老いて死ぬことができます。与えられた娯楽を享受するだけで、自分の頭で考えないというのはそれほど楽なのです。でも、それは充実した人生でしょうか?

　誰かが何か過激なことを言っていたら、「本当なのかな?」と考える癖をつけましょう。そして、可能なら自分で調べましょう。ネット上には大げさな話、そして嘘が紛れています。真実は往々にして「面白くない」ので、人々の関心をひきません。フィクションのほうが実際の出来事より面白いのは当たり前で、歴史上の有名人もドラマや小説では脚色されるのが当然です。コンテンツをつくり出す側は、そうやって話を盛り上げて、あなたを楽しませてくれる代わりに、時間とお金を求めます。そのことを自覚してください。

スマホから動画アプリとSNSアプリを削除しよう!

　親御さんの高校生時代には、SNSはおろか、ネットすらあまり普及していませんでした。世界中の人とやり取りできない代わりに、世界中の自分より優れた人を見せつけられて劣等感を抱く必要もなかったのです。残念ながら、世界中がネットとSNSでつながった負の側面です。

　荒療治ですが、受験勉強中は**思い切ってスマホから動画とSNSのアプリを削除**してください。実際に、大学合格までそうした受験生はいます。動画やSNSがなくても、必要最小限の連絡ツールを残しておけば生活には困らないはずです。アプリを削除しても何も問題はなく、あなた個人が偏った娯楽に時間を使いながら精神を病んでいくのを防ぐことができます。

自分で考え、提供する側になる!

アプリを削除するとあなたには時間が生まれます。「自分が生み出せるもの、人に提供できるもの」が何かを考えましょう。

クリエイターになりたい人なら、イラストを描いたり、ゲームを製作したり、歌をうたったり音楽をつくったり。それをネットにアップしたり配信したり。あなたはすぐにクリエイターになれるのです。今すぐ創作すべきです。やらなければ、「マンガ家志望」は一生「マンガ家志望」で終わりです。描きましょう。

与えられるもので満足する人生でいいの?

なりたいものがクリエイターではない人には、**将来の進路を考える上で必要だと思う本を読む**ことをおすすめします。経済学部、経営学部志望でも経済学の入門書やビジネス書を読む高校生は少なく、看護学部志望なのに看護や医療の諸問題について考えたり調べたり書いたり発表したり、探究学習に取り組んだりしない高校生が多すぎます。入学さえすれば、大学や専門学校がなんとかしてくれると思っているのでしょう。その先にあるのは、勤務先の会社や病院が仕事を何でも「与えてくれる」と考えて、言われたことしかやらない、使えない社員です。

高校時代に与えられるものを黙って享受して、自分の頭で考えなかった人の末路は、組織で上司に言われたことだけをやる人生。なのに、不平不満は一流で文句ばかり言って仕事ができない人です。

黙って動画を見て、過激な意見を自分の意見のように思い込んでいるあなたは、今その入り口に立っています。気がついてください。

第 **2** 章

高校生から
知っておくべき

「職業」

の超基本

社会人になるって どういうこと?

社会人になるのは遠い未来のこと?

「社会人になるのはまだ先だから、就職のことなんて考えられない」と思っている人がいるかもしれません。でも、どんな仕事に就くのかを考え始めなければならない時期は、意外とすぐに来るものです。

みなさんが今高校2年生だとして、4年制大学を卒業して就職するとしましょう。すると、社会人になるまでには5〜6年あることになります。大学に入学してから、高校3年間と同じ期間を過ごしてさらに1年の期間があるのだから、ずっと先のことのように思うのも無理はありません。でも、就職が決まるのは大学卒業のときではありません。大学4年になった春に、就職先が決まっている人も数多くいるのです。

大学受験の場合は高校を卒業する直前に入試が行われ、約1か月〜2か月後に入学することになりますが、就職活動は早い人ではインターンを大学1、2年生から始める人もいます。そう考えると社会人になるのはそれほど遠い未来ではないので、**自分の将来の方向性や職業については早くから考えておくべき**なのです。ふんわりとでもよいので高校生である今のうちから頭に置いておくことが大事です。

支払われる側から支払う側へ

もし「社会人になるって、どういうこと?」と聞かれたら、私は「お金

を支払う側になること」だと答えます。ほとんどの高校生は、おこづかいやアルバイトで稼いだお金で食べ物や飲み物を買って支払いをするという経験はあっても、住宅費や光熱費など、生活をするのに本当に必要なお金を自分で支払うという経験はないと思います。みなさんの多くは保護者の方に養ってもらっているでしょう。普段あまり意識しないかもしれませんが、高校生は「支払われる（支払ってもらう）側」にいるのです。

その高校生も**社会人になると、自分の生活に必要なお金を自分で支払うことになります。お金を「支払われる側」から「支払う側」になる**ということです。

 ### 社会の役に立つ存在が社会人

金銭面以外でも学生は親御さんや家族からさまざまな面で支えられて生活しています。現在は「してもらう側」にいても、社会人になると、周囲の人や社会に対して「してあげる側」になります。「してあげる側」になるには、自分の生活基盤がしっかりしていなければなりません。生きていくための衣食住に困っているようでは、人に「してあげる」ことはできないからです。

つまり、**「お金を支払う側」「してあげる側」になるということは、「お金を稼ぐ側」になるということ**です。お金を稼ぐことは、自分が差し出した何かの対価としてお金をもらうことです。労働力を提供したり、何かモノを販売するのであれば商品を仕入れてお客さんに提供したりして、お金を稼ぎます。社会人になってからお金を稼ぐのは、アルバイトで自分が遊ぶためのお金を稼ぐのとは違って、**世の中の人や社会の役に立つ行為**なのです。

選択の幅が広がる

　このように言われると「社会人になるとお金を稼がなくてはいけないんだ、働かなくてはいけないんだ」とプレッシャーを感じる人もいるでしょう。しかし、働いて稼いだお金は自分で自由に使うことができます。そのお金を使って何かにチャレンジすることができます。

　これまでみなさんが経験した人生の大きな選択は、「どこの高校に進むか」ぐらいが多いのではないでしょうか。現在は、大学に進むのか就職するのか、進学するなら何を専攻するのか、国公立か私立か、都会か地方かなどについて悩んでいるところでしょうか。それらは、みなさんにとっては大きな選択だと思います。ただ、その選択というのは大学進学という狭い世界でのことにすぎず、家族の意見や家庭の経済状況が影響する場合もあるでしょう。

　ところが、社会人になって自分で稼いで自立した生活を送ると、職業を選んだり住む場所を決めたりお金の使い方を考えたり、さらにさまざまな選択肢と遭遇します。今とは比べ物にならない幅広い選択肢の中から**自分で選んで決断し、いろいろな分野に挑戦する**ことができます。

　ご家族の意見を無視してよいとは言いませんが、ご家族の意見に耳を傾けつつも、学生のときと違って自分の意思で物事を決めることができます。あなたが自立していれば親御さんもあなたの意見を尊重してくれるでしょう。社会は多くのチャンスであふれているのです。

 ## 自分の得意な領域で勝負できる

　チャンスがたくさんあると言うと、「私には能力がない。失敗してつらい思いをするだけだ」「挑戦する勇気がない」「今まで評価されたことがな

い」といった反論が来るかもしれません。

しかし、いろいろな選択肢があるということは、その分、**評価の物差しの種類が増える**ことでもあります。高校生までの間は、勉強ができるかできないか、部活動で活躍できるかできないか、あるいは、思春期なのでモテるかモテないかなど、限られた基準でみなさん自身が評価され、かつみなさんも同じような基準で周りの人たちを評価しています。しかし、この評価の物差しは社会人になると一変します。

たとえばある仕事については、作業が速くて正確なことが評価されるかもしれません。業務をこなす能力は人並みでも、明るい人柄で周囲から信頼され、リーダーシップを発揮するタイプの人もいるでしょう。コミュニケーションが上手で、周りの人と協力して仕事を円滑に進める能力に長けた人もいるかもしれません。逆にコミュニケーションをとるのは得意ではないけれど、人が思いつかないような企画を考えたり、独創的なデザインを考案して周囲を感動させたりする人もいるでしょう。

世の中にはさまざまな職業があり、その中には自分の得意な領域、自分が評価される領域が必ずあります。勉強が苦手だった、部活動でも活躍できなかったと悩むことはありません。社会にはいろいろな物差しがあり、**自分に合った物差しで評価してもらえる可能性がある**からです。

社会人になることを決しておそれるべきではありません。多くのチャンスがあるのですから、ワクワクしながら果敢にチャレンジしていってほしいです。

世の中には
どんな仕事があるの？

 職業の種類って、いくつあるの？

　世の中にはさまざまな職業があります。いったい何種類の職業があると思いますか？　実は私自身、この問いに即座には答えられなかったのであらためて調べてみたのですが、**大まかに数えて数百以上、細かく数え上げていくと数千種類以上の職業がある**ようです。

　たとえば、今みなさんが手にとっているこの本が手元に届くまでに、どんな職種の人たちがかかわってきたか考えてみましょう。わかりやすそうなところだと、まず本を書いた著者がいますね。書店で購入したなら店員さんを思い浮かべるかもしれません。ほかにも、この本を企画した出版社の人、編集に携わった人、読みやすい形に仕上げてくれたデザイナーの人、印刷・製本の現場の人や書店へ配送したドライバーの人などもかかわっています。

　自動販売機で買うお茶1本にしても、お茶を栽培した人から飲料に加工・生産した会社の人、自販機の製造会社の人まで、**さまざまな職種の人がいてはじめて私たちの生活は成り立っている**のです。

 職業を大きく3つに分けて考えると……

　とはいえ、「職業は数千種類以上ある」と言われると多すぎて困ってしまいますね。そこで、職業をあえてざっくりと、会社で働く人たち、公共

のために働く人たち、専門性の高い
分野で働く人たちの3つに分けて
考えることにします。

　まず、1つめの**会社で働く人たち**。
ご家族の方が会社で働いている人は
イメージしやすいでしょう。正式な
統計ではありませんが、働いている
人の6〜8割が会社員として働いて
いるとされています。

　2つめの**公共のために働く人たち**
というのは、主に公務員のことをさ
します。市役所で働く人や保健所の

世の中には数えきれないほどの種類の仕事があ
り、働き方もさまざま

職員、警察官、消防官などがこのグループの職種にあたります。公務員は
雇用者全体の5〜8％とされています。

　3つめの**専門性の高い分野で働く人たち**というのは、たとえば医師がわ
かりやすいでしょう。医師は私たちの体のことや病気、けが、治療法、薬
などについて高度に専門的な知識や技術をもっています。ほかには弁護士
や大学教授、たとえば大学でAI（人工知能）の研究に従事する研究者など
が挙げられます。

　ただ、専門性の高い職種ではあるものの、実際には会社や国の機関で働
いている人もいますので、厳密には区別しきれないのですが、おおまかに
理解してもらえばOKです。

 ## 働き方を選べる時代

　職業を大きく3つに分けてみましたが、同じ職業であっても働き方は人

それぞれです。会社で働く人を例にとるなら、正社員や正規雇用といって主にフルタイム*でその会社の仕事をする人もいれば、非正規雇用といってアルバイトのように「時間給×実際に働いた時間数」で収入を得ている人もいます。

　今はフリーランスの時代とも言われていますが、一つの組織に属さずに、個人の能力や資格でいろいろな会社や公共機関などから仕事をもらって、仕事ごとに収入を得る働き方もあります。また、自分で会社を起こしてビジネスを展開する起業家という働き方もあります。

　いろいろな職業があるだけでなく、現在は働き方も多様化していて、**自分に合った働き方を選べる時代**と言えます。

 ## 「自分は何をしたいのか」を考えよう

　では、職業や働き方はどのように選べばよいのでしょう。

　高校生のみなさんにとって、想像できる職業は限られていると思います。ご家族の職業、学校や塾の先生、コンビニなどの店員さん、警察官、美容師など、思い浮かぶのは身近なものでしょう。テレビなどで見るスポーツ選手、芸能人やモデル、ミュージシャンを目指すという人もいるかもしれません。最近の流行で、YouTuberやゲームクリエイターなどを思い描く人もいると思います。

　しかし、先ほども話したように職業の種類は数えきれないほどあり、その中にみなさん一人ひとりの能力や個性をいかせる職業があります。

　その職業を見つけるのにいちばん大事なことは、「自分がどんな仕事をしたいのか」ということです。まず、**自分がしたいこと、興味のあることから方向性を決めることが重要**です。方向性が定まれば、それに合う仕事を探すことができます。

　もちろん今すぐに決める必要はありません。これから大学に進学すればさらに世界が広がっていきます。いろいろ勉強したりたくさんの人と出会ったり、あらゆる経験をする中で決めていけばよいのです。そして、その方向に沿って就職につながる具体的な行動を起こしましょう。

 ## 自分のキャリアを考え続ける

　もう一つ、大事なことをつけ加えます。**職業は時代によって変わる**ということです。

　たとえば、私が小学生の頃はスマートフォンというものはありませんでした。今はスマホが当たり前の時代になり広く普及していますので、スマホ用のアプリやゲームを開発する仕事がありますが、私が小学生の時代はそのような職業は存在しなかったわけです。

　時代が変わるにつれて新しい職業が生まれ、逆になくなっていく職業もあります。選んだ職業が将来もずっとあるかどうかは、保証の限りではありません。

　時代に応じて職業を変えるなど、**自分のキャリアについて常に考え続けることも大切**です。

＊**フルタイム**：職場で定められている正規の勤務時間帯のすべての時間のこと。月当たりおおよそ150〜160時間の勤務時間をさすことが多い。「フルタイム勤務」はその時間帯で働く働き方のこと。

会社員ってどんな仕事？

「会社員」って、何？

テーマの問いについて話す前に、そもそも「会社員」とは何でしょうか？

まず、「会社」というのは、利益を上げることを目的とする組織です。そして、「会社員」は「会社の一員」という意味ですね。ですから、「会社員」というのは、**利益を目的とする組織の一員として、会社の売上や利益のために働き、働いた対価として給料をもらう労働者**と言えるでしょう。

この意味において、会社員は、公共のために働く公務員とも、個人で働くフリーランス（個人事業主含む）とも異なります。

アルバイトと会社員はどう違う？

みなさんの中にはアルバイトの経験がある人もいるでしょう。どんなアルバイトかによって異なりますが、たとえば、飲食店のアルバイトなら、1日数時間、週2〜3日のシフトで働き、そのお店の社員の人などの指示を受けて働きます。

時間給で働くので、ある月は「シフトがたくさん入ってしんどかった分、結構稼げた」とか、「友達との約束があって休んだから、今月は少なかった」とか、自分の学業や遊びを優先して仕事時間を選んで働ける分、もらえる金額は安定しないかもしれません。

では、会社員はどうでしょう。現代は働き方が多様化していて、同じ会

社で働いている人の中でも雇用形態がさまざまですが、ここでは正規雇用、つまり正社員に絞って話を進めます。

ある会社に正社員として入社する場合、その会社と雇用契約を結びます。契約というと難しい感じがするかもしれませんが、働くときの条件を会社と働き手の間で決めるということです。多くの会社の場合、月曜から金曜まで1日7〜8時間、1か月約160時間、決められた仕事をします。

通勤にかかる時間を含めると、起きている時間の大半は会社に拘束されることになります。やる気が出ないとか、用事があるからという理由で、急に仕事を休むことは簡単ではありません。自分に任せられた仕事について成果が求められ、責任も伴います。アルバイトに責任がないわけではありませんが、正社員のほうが責任は重いと言って間違いないでしょう。

会社員になると、会社の仕事に自分のエネルギーをフルに注ぎ込み、仕事中心の生活になりますが、対価は月給という形で毎月固定的な金額を得ることができ、生活を安定させることができますし、同じ時間アルバイトをするよりも大きな金額を得られることが多いです。さらに、会社によって異なりますが、年に2回程度のボーナスをもらうこともできます。

 ## 会社員は雇用が安定する

会社は利益を上げることを目的とする組織ですが、いつも業績がよいとは限りません。売上や利益が落ち込むこともあります。

みなさんもご存じだと思いますが、新型コロナの流行によって飲食店や旅行業界などは大打撃をこうむりました。これらの業界でアルバイトをしていた人たちの中には、仕事がなくなり収入が大幅に減ってしまった人が多くいました。

これに対して、正社員として雇用された場合、それこそ倒産するくらい

の経営不振でもない限り雇用は保障されるようになっています。

　会社員は雇用される側なので、雇用する側である会社に対して弱い立場です。会社から雇用を解かれると収入がなくなり、生活に困ってしまう場合があります。それを防ぐために労働者は労働基準法*という法律に守られていて、会社は自らの都合だけで労働者を簡単に解雇、いわゆるクビを切ることはできなくなっているのです。

　また、正社員の雇用については期限は決まっておらず、会社が存続し、労働者が希望する限り、定年まで続けられるようになっています。

 業種も職種もさまざま

　ここまで会社員の働き方について述べてきましたが、ここからは具体的にどのような仕事をするかについて話します。

　会社員というのは会社の仕事をするわけですから、会社がどのような業種かによって仕事も異なります。コンピュータのシステムやアプリケーションなどを開発するIT（情報・通信）業界もあれば、銀行に代表される

◎ **会社にある主な職種（部署）**

> *総務：各部門の仕事がスムーズに行えるようにサポートしたり社内行事の企画・運営を行う。
> *経理：会社の経営に伴い発生するお金の流れを管理し、決算資料の作成も行う。
> *人事：人材の採用・異動や社員の能力開発に関する業務や運用・保守を行う。
> *情報システム：社内で使用するシステムの開発を行う。
> *研究開発：新商品製作のための、技術研究・設計や開発を行う。
> *企画・マーケティング：商品・サービスを企画したり、市場調査をしたり、経営戦略を練る仕事などを行う。
> *広報・宣伝：新商品やサービスなどの情報を社外にアピールする。
> *営業・販売：顧客や取引先に商品・サービスを売り込み、販売促進をする。
> （上記のほかにも、流通・サービス、技術、製造など会社ごとにさまざまな職種があります）

金融業界、自動車や家電などを製造するメーカーもあります。

　また、同じ業界であっても職種によって仕事はさまざまです。たとえば、総務、経理、人事、情報システム、広報、営業など、たいていは一つの会社にいくつかの部署があり、職種があります。

　会社に入社すると部署に配属され、その部署の仕事を担当します。たとえば、IT系の会社に入っても、経理の担当になればITの知識よりもむしろ経理の知識・技能が求められます。メーカーに入社したとしてもIT技術者ならメーカーの情報システム部門で腕を振るうこともあります。

 ## 会社員には人事異動や昇進もある

　また、特に大きな会社になると人事異動があり、営業職から企画の部署に移るなどといったこともあり得ます。会社員は会社の仕事をするわけですから、生涯一つの職種で働き続けるとは限りません。ただ、たとえば、IT技術者のような専門性の高い職種の人がまったく職種の異なる部署に異動することは少ないかもしれません。

　また、経験や実績を重ねて、管理職＊や経営者に昇進する場合があります。それまで自分でバリバリ仕事をこなしてきた人が、部下を使って部署全体の仕事を管理する立場になるわけです。給料も上がりますが、その分、責任も重くなります。

　会社員として働くということは、会社の売上や利益に貢献することです。**自分が会社員として成長し、より大きな貢献ができるように努力を重ねることが会社員の仕事**と言えるでしょう。

＊**労働基準法**：労働者に適用される労働条件に関する最低基準を定めた法律。

＊**管理職**：社内で部下の管理をして、組織の運営を行う者をさす。役職は会社によって異なるが、一般的に課長または係長以上を管理職とする会社が多い。

「会社員は大変」って ホントなの？

会社は倒産する可能性がある

テーマ15でもお話ししたように、いったん会社員になるとよほどのことがない限り雇用は継続します。社会や会社のルールを守り、誠実に会社の仕事に取り組めば解雇されるようなことはめったにありません。

ただ、雇用が継続するというのは会社があってはじめて言えることです。会社がつぶれてしまえば仕事はなくなり、給料をもらうことはできなくなります。場合によっては生活に困ることにもなりかねません。

会社は利益を上げることを目的とした組織である、と話しましたが、会社は利益を上げてはじめて事業を継続し、社員に給料を払うことができます。しかし、利益を上げて会社が成長するには他社との競争に勝たなくてはなりません。会社によっては外国企業との競争もあります。

競争に負け、売上や利益を上げられなければ、民間の会社である以上、最悪、倒産という可能性もあります。

必要とされる会社は変化する

時代によって世の中が必要とするモノやサービスは変化します。その変化によって成長する会社もあれば、業務を縮小せざるを得ない会社もあります。新しく生まれる会社もあれば、倒産してなくなる会社もあります。

現代は、会社の新陳代謝のスピードが速くなっています。会社を設立す

る条件が緩和され、ベンチャーと呼ばれる新興企業が誕生する一方で、毎年たくさんの会社が倒産しています。

　会社員は無期限の雇用というルールで守られているとしても、そのことは雇用が一生涯、保障されることを意味しません。この点は、倒産のない公務員と比べて会社員は大変と言えるかもしれません。ただ、公務員が楽だと言っているわけではありませんので、誤解しないでください。

 ## 実力が物を言う社会

　会社間の競争だけでなく、一つの会社の中でも社員同士の競争があります。

　かつて日本は、年功序列といって、年齢や勤続年数を重ねるにつれ給料や社内での地位が上がるというしくみをとる会社が大半でした。目立った成果がなくてもまじめに仕事をこなしていれば給料が上がる時代がありました。高度経済成長期からバブル期の日本は、経済全体が右肩上がりに成長していて、それとともに多くの会社の業績も伸び、給料も上がるのが当然でした。社員は会社のために頑張って働き、会社は定年まで社員の雇用を続けました。これを終身雇用制と呼びます。

　しかし、低成長の時代になり、会社は社員に対してより成果を求めるようになりました。**年功序列は次第に崩れ、実力主義に変わっていきました。**完全に年功序列的なしくみがなくなったわけではなく、また会社によっても異なりますが、現在では、**成果や能力がより重視され、若い社員でも成果をあげれば給料と地位が上がる**ことが増えました。

　実力主義になると、若い社員が年上の社員を部下として使う立場になる場合も考えられます。これは、人によって感じ方が違うと思いますが、年下の人間から指示されたり、ときには注意されたり叱られたりといった状

況に強いストレスを感じ、耐えられなくなる場合があるかもしれません。

　給料が上がらなければ、当然経済的にも厳しくなります。年齢が上がり、結婚して子どもができ、家庭をもつようになると、住宅費や教育費など、独身のときよりはるかに多くの生活費が必要になります。給料が低いままでは子どもが成長するにつれて生活はますます苦しくなってしまいます。

　ただ与えられた仕事をこなすだけでは、幸せな会社員人生は送れない時代になりつつあると認識するべきかもしれません。

さまざまな能力が求められる

　実力主義というと、プロのスポーツ選手をイメージする人がいるかもしれません。アメリカに渡ってメジャーリーグで大活躍する大谷翔平選手などは野球選手としての実力を磨き、実績を上げています。チームプレーも必要ですが、何といっても個人の実力が物を言う世界です。

　会社での実力主義はこれとは少し違います。会社員は会社の一員として働くので、ほかの社員と協力して仕事に取り組みます。社員の中には自分の親ぐらいの年齢の上司だったり、気の合わない同僚だったり、生意気な後輩がいるかもしれません。高校生同士なら年齢もほぼ同じだし、育った地域もほとんどが同じであることが多いでしょう。それが、会社員になると生まれも育ちも違う多様な人たちと協力していかなくてはならないのです。

　仕事をこなす力のほかにも円滑な人間関係を築くための気配りだったり、コミュニケーション能力だったり、さまざまな力が求められます。取引相手を含めて関係者とよい関係を築きながら、その中で実力を発揮しなければなりません。会社員として、人間として総合的な力が求められます。それらの力は、得意不得意にかかわらず身につけなければなりません。

転職を常に視野に入れる

　年功序列や終身雇用が崩れた今、転職に対するハードルは下がっています。「配属された部署の仕事に納得できない」「自分のやりたい仕事ではなかった」「自分の実力が発揮できない」「上司や経営者の考えについていけない」など、入社した会社に不満をもつこともあるでしょう。

　雇われる側の会社員は以前は立場が弱かったので、転職するのは慎重にならざるを得なかったのですが、現在は必ずしもそうではない状況です。それは、少子化が進む日本は慢性的な労働力不足になっていて、多くの会社が働き手を欲しているからです。

　また、以前は転職を繰り返していると、「一つのことを続けられない人だ」というマイナスのイメージがありましたが、現在ではそのようなイメージは減り、自分の経歴にマイナスに働くことは少なくなっています。

　理由がポジティブなものであれば転職することは問題ありません。自分が本当にしたい仕事、より自分の実力を発揮できそうな会社を求めて転職するのは普通のことと考えてよいでしょう。現在は、むしろ一つの会社で定年まで働き続けることのほうがレアケースと言える時代です。

　ただ、会社としてはなるべく優秀な人材を欲していますから、**知識を増やしたり技能を高めたり、人とのネットワークを広げたりなど、自分の能力を高める努力を怠ってはいけない**のは言うまでもありません。

THEME 17

今の時代、どんな会社が人気なの？

「今」人気の会社は？

今、人気があるのはどんな業種や職業でしょう。

みなさんは普段からパソコンやスマートフォンを使っていますよね。インターネット関連をはじめ、ITは今後、日常生活においても仕事においてもますます必要とされるでしょうから、**IT（情報・通信）業界は有望と考えられ人気**になっています。

また、**コンサルティング会社の人気も高まっています**。企業に対して経営などに関するアドバイスをしたり、サポートをしたりする会社です。

最近はこの2つの業界の人気が高まっています。

データで見ると人気は金融業界？

実際はどうなのかを確かめるためにデータを見てみることにしましょう。いろいろな媒体が「就職人気ランキング」を掲載していて、インターネットでも見ることができます。

たとえば、「東洋経済オンライン」というサイトに掲載されていた人気ランキングのうち、次ページの1位から20位までを見てください。

IT（情報・通信）業界では、Skyが15位にありますが、コンサル業界は20位以内にはランクインしていません。このランキングでは2位の日本生命保険、3位の大和証券グループなど、**金融系の会社8社が20位までにラ**

◎ 大学生就職人気ランキング（総合）

順位	社名	業種	順位	社名	業種
1	伊藤忠商事	商社·卸売業	11	第一生命保険	金融
2	日本生命保険	金融	12	みずほフィナンシャルグループ	金融
3	大和証券グループ	金融	13	三井住友信託銀行	金融
4	東京海上日動火災保険	金融	14	ソニーミュージックグループ	放送
5	三菱商事	商社·卸売業	15	Sky	通信·ソフト
6	博報堂／博報堂 DY メディアパートナーズ	広告	16	ジェイアール東日本企画	出版·広告
7	大日本印刷	印刷·情報	17	明治グループ（明治・Meiji Seika ファルマ）	メーカー
8	丸紅	商社·卸売業	18	バンダイ	メーカー
9	損害保険ジャパン	金融	19	三井物産	商社·卸売業
10	SMBC 日興証券	金融	20	富士フイルムグループ	メーカー

＊東洋経済オンライン　2023年4月3日「2.5万人の学生が選んだ『就職人気ランキング』」
許諾番号 2023-096：東洋経済新報社が記事利用を許諾しています。
©東洋経済新報社　無断複写転載を禁じます。

ンクインしていて**人気**が際立っています。1位の伊藤忠商事、5位の三菱商事などの**総合商社も人気**であることが読み取れます。

「なんだ、ITやコンサルの人気って、それほどでもないんですね」と言われてしまいそうですね。

本当に人気の業界は？

もう一つ別のデータを見てみましょう。次ページの表は「朝日新聞 EduA（エデュア）」で公開された東大生の就職先ランキングです。

まず、左側2022年卒業生のランキングを見ると、1位のアクセンチュアや4位のマッキンゼー・アンド・カンパニーといったコンサル系会社が上位に入っています。3位の楽天グループ、6位のソフトバンクなどのIT系の会社も上位にランクインしているのが確認できます。

◎ 東大生の就職先比較：2022年と2007年

2022年卒業生

順位	社名	業種
1	アクセンチュア	コンサル等
2	ソニーグループ	マスコミ
3	楽天グループ	通信・ソフト
4	マッキンゼー・アンド・カンパニー	コンサル等
5	日立製作所	メーカー
6	ソフトバンク	通信・ソフト
6	野村総合研究所	コンサル等
6	PwC コンサルティング	コンサル等
9	ヤフー	通信・ソフト
9	富士通	メーカー
11	三菱 UFJ 銀行	金融
12	三井住友銀行	金融
12	野村證券	金融
14	中外製薬	メーカー
14	富士フイルム	メーカー
16	三菱商事	商社・卸売業
17	大和証券グループ	金融
18	NTT データ	通信・ソフト
18	三井物産	商社・卸売業
20	ファーウェイ	通信・ソフト
20	博報堂／博報堂 DY メディアパートナーズ	広告

2007年卒業生

順位	社名	業種
1	みずほフィナンシャルグループ	金融
2	日立製作所	メーカー
3	大和証券グループ	金融
4	NTT データ	通信・ソフト
5	東芝	メーカー
6	野村證券	金融
7	トヨタ自動車	メーカー
8	三井住友銀行	金融
8	三菱東京 UFJ 銀行	金融
8	東京電力	エネルギー
11	東京海上日動火災	金融
12	三菱重工業	メーカー
12	三菱商事	商社・卸売業
12	富士通	メーカー
15	キヤノン	メーカー
15	野村総合研究所	コンサル等
17	ソニー	メーカー
17	三井物産	商社・卸売業
17	日本生命保険	金融
20	NEC	メーカー

＊「東京大学新聞」より集計。協力「大学通信」。

「東洋経済オンライン」のランキングとは様相が異なっていて、**東大生はコンサル系やIT系の会社を選んでいる**ことがわかりますね。

アンテナの感度が高い就活生の動向を要チェック！

なぜ、東大生のランキングデータを取り上げたかというと、やはり、**東大生は世の中の動きを敏感に感じ取り、就活にいかしている**からです。

就活をしている人の中には、さほど情報収集をせずにほかの人の動向を見て動いたり、なんとなく有名な会社を選んだりする人もいますが、多くの東大生は、いつもアンテナを張って積極的に情報収集しています。

もちろん東大生の動向がすべて正しいと言うつもりはありませんが、大いに参考にすべきだと思っています。

ウォッチし続けることが大切

「わかりました。コンサル系やIT系が有望なんですね。その業界を目指します」と早合点をしないでください。

今度は前のページ右側、2007年卒業生のランキングを2022年卒業生のものと比較してみてください。今から15年以上前になると、同じ東大生でも就職先の人気ががらりと変わっているのが見て取れますね。ここからわかることは、みなさんが大学を卒業して会社の中で戦力になる10〜15年後には、世の中はまた変わっている可能性があるということです。

つまり、**世の中の動向に注意を払い続けることが大切**だということです。普段からニュースをチェックするなどして、少しずつでよいので考えてみることが大事ですし、こういった**人気ランキングの類に惑わされず、本当にあなた自身が取り組みたい仕事を探していってください。**

公務員ってどんな仕事？

公務員とは公のために働く人

　ここまで会社員についてお話ししてきた中で、会社とは利益を上げるための組織であると言いました。会社には「私企業」という呼び方もあって、ここで言う利益とは、あくまで自分たちの会社にとっての主に金銭的な利益のことをさしています。

◎ 公務員の全体イメージ

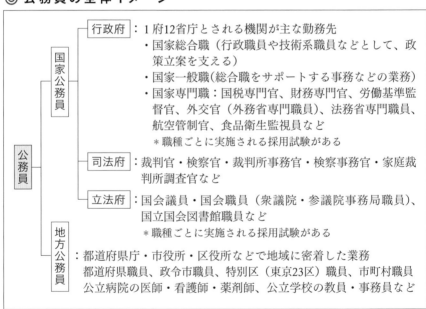

公務員	国家公務員	行政府：1府12省庁とされる機関が主な勤務先 ・国家総合職（行政職員や技術系職員などとして、政策立案を支える） ・国家一般職（総合職をサポートする事務などの業務） ・国家専門職：国税専門官、財務専門官、労働基準監督官、外交官（外務省専門職員）、法務省専門職員、航空管制官、食品衛生監視員など 　＊職種ごとに実施される採用試験がある
		司法府：裁判官・検察官・裁判所事務官・検察事務官・家庭裁判所調査官など
		立法府：国会議員・国会職員（衆議院・参議院事務局職員）、国立国会図書館職員など 　＊職種ごとに実施される採用試験がある
	地方公務員	：都道府県庁・市役所・区役所などで地域に密着した業務 都道府県職員、政令市職員、特別区（東京23区）職員、市町村職員 公立病院の医師・看護師・薬剤師、公立学校の教員・事務員など

　一方で、「公務員」とは「公のために務める人」という意味です。公務員は「公のために」、つまり、**日本という国や都道府県、市区町村などの地域社会、住民全体のために働く人**のことを言います。

　勤務する組織の金銭的利益のために働いているのではないという点は、公務員が会社員と大きく異なるところです。

 国家公務員と地方公務員に分かれる

　日本は47の都道府県に分かれ、各都道府県はさらに区、市、町、村などの行政単位に分かれています。行政単位が国家と地方自治体に分かれるように、公務員も国家公務員と地方公務員に分かれます。

◎ 公務員の職種

	国家公務員（国の機関に勤務）	地方公務員（都道府県庁・市役所・区役所などに勤務）
行政職	総合職・行政職員、一般職・行政職員、国税専門官、財務専門官、裁判所事務官など	行政事務職、警察署の警察事務、公立学校の学校事務など
技術職	総合職（デジタル、工学、数理科学・物理・地球科学、化学・生物・薬学、農業科学・水産、森林・自然環境など）、一般職（土木、建築、機械、化学、デジタル・電気・電子、農学など）	都道府県や市区町村の関連施設などの土木職、建築職、機械職、化学職、電気・電子・情報職など
公安職	警察官(警視正以上)、皇宮護衛官、海上保安官、自衛官など	警察官（警視以下）、消防官など
心理・福祉職	法務省専門職員（矯正心理専門職など）、家庭裁判所調査官補など	都道府県庁・市役所・都道府県や市区町村の関連施設などの心理職、福祉職、社会福祉職、心理判定員など
専門職、資格免許職	外務省専門職員、労働基準監督官、航空管制官、食品衛生監視員など	保育士、保健師、看護師、薬剤師、管理栄養士、栄養士、司書などの資格免許職

官庁などで国家や国民のために働く公務員を国家公務員、地方自治体の役所などで地域や住民のために働く公務員を地方公務員と呼びます。

国のために働く国家公務員

国家公務員は総合職、一般職、専門職の3つに分かれます。たとえば、文部科学省や厚生労働省などの**省庁で官僚として働く人は、国家公務員の総合職の人たち**です。

官庁としてはそのほかにも、外務省、財務省、経済産業省、最近新たに設けられたところでは、デジタル庁やこども家庭庁などもあります。

官僚以外では、裁判官や自衛官、海上保安官などのほかに、造幣局、国立公文書館などの国家機関で働く人たちも国家公務員に含まれます。

地方のために働く地方公務員

みなさんが住んでいる地域に市役所や町役場があります。全国47の都道府県庁や、市区町村の役所などで働く人たちは地方公務員です。

みなさんになじみのありそうなところでは、県立や市立などの公立高校の先生、事故や事件、火事や災害が起きたときなどに私たちを守ってくれる警察官や消防官の方も地方公務員に含まれます。

国家公務員と地方公務員の仕事はどう違う?

職種による違いはありますが、大まかに言うと、国家公務員は国家や国民全体に奉仕する分、やりがいを感じる人がいるかもしれませんが、国民一人ひとりに対する向き合い方が希薄になる可能性があります。

一方で、地方公務員は住民との距離が近くなり、きめ細かいサービスを提供できる可能性があります。

自分の適性に合ったほうを選ぶのがよいでしょう。

 ## 公務員 になるには？

公務員として働くためには、公務員試験に合格する必要があります。裁判官のように司法試験という別の試験がある場合以外は、ほとんどの職種で公務員試験を受けなければなりません。

大学の偏差値で合否が決まることは基本的にありませんが、大卒程度や高卒程度といったように学力レベルの基準が設定されていることが多いです。一部の専門的な職種では大学院卒が求められることもあります。

一般企業の場合、大手の有名企業などでは、難関大学卒業でないと難しいといった風潮があるようですが、基本的に公務員試験では大学がどこかは問われません。ただ、年齢制限を設けている職種や、先ほどの裁判官の例のように資格が必要だったり、警察官や自衛官では身体的基準や国籍条項があったりします。

公務員とひとくちに言っても職種はいろいろあり、採用条件については個別に確認する必要があります。

 ## 公務員試験のポイント

公務員採用の流れは民間企業の就活と大きく変わることはありません。基本的に一次で筆記試験、二次試験以降で面接が行われます。

大きく異なる点は、民間企業の場合、筆記試験のできがよくなくても面接で「人となり」が評価されて挽回できる可能性があるのに対して、**公務員の場合は筆記試験が大きなウエイトを占めている**点です。民間企業への就活以上に、試験対策が重要になってきます。

公務員って、会社員とどう違うの？

 ## 公務員の職務・待遇は法律で決まっている

このテーマでは、公務員と会社員の違いを少しくわしく見ていきましょう。まず、お伝えしたいのは、**公務員は採用から働き方、給料に至るまで、すべて基本的に法律で決められている**ということです。

たとえば、給料について言うと、次ページの表のように担当する職務に応じて「級」「号給」というものが定められていて、それによって給料やボーナスの額が決められています。

 ## 終身雇用・年功序列が確立している

もう1点は、公務員は会社員以上に終身雇用、年功序列が明確になっているということです。

会社員（正社員）の雇用も期限が切られているものではありませんが、会社が倒産すれば当然仕事はなくなります。また、民間企業では近年、実力主義の傾向が強まり、年功序列が崩れつつあることもすでにお話ししたとおりです。

これに対して、公務員は法律で規定されていますので、国家公務員なら日本という国がなくならない限り原則雇用は続きます。給料や昇進も法律が変わらない限り年功序列が崩れることはないでしょう。その意味では、会社員よりも公務員の待遇は安定していると言えるかもしれません。

◎ 地方公務員の給料表のしくみ（一般行政職・再任用職員以外の職員の例）

給料の支給額は、給料表における「級」と「号給」の組み合わせで決定される。

職務の級 号給	1級 給料月額	2級 給料月額	3級 給料月額	4級 給料月額	5級 給料月額	6級 給料月額	7級 給料月額	8級 給料月額	9級 給料月額	10級 給料月額
	円	円	円	円	円	円	円	円	円	円
1	134,000	183,800	221,100	262,300	289,700	321,100	367,200	414,800	468,700	534,200
2	135,100	185,600	223,000	264,400	292,000	323,400	369,800	417,300	471,800	537,400
3	136,200	187,400	224,900	266,500	294,300	325,700	372,400	419,800	474,900	540,600
4	137,300	189,200	226,800	268,600	296,600	328,000	375,000	422,300	478,000	543,800
41									542,600 （最高号給）	
45								482,600 （最高号給）		
61							460,300 （最高号給）			
77						425,900 （最高号給）				
85					403,700 （最高号給）					
93	244,100 （最高号給）			391,200 （最高号給）						
113			357,200 （最高号給）							
125		309,900 （最高号給）								

＊「級」：職務の複雑、困難及び責任の度に応じて区分するもの。
＊「号給」：同一級をさらに細分化するもの。
（総務省：https://www.soumu.go.jp/main_sosiki/jichi_gyousei/c-gyousei/pdf/kyuuyo-tk_01.pdf を参考に作成）

自分のやりたい仕事を続けられる

　公務員の職務は細分化されていて、上の表のように、それぞれの等級で定められた仕事をするとか、同じ国家公務員でも省庁ごとに仕事が割り当てられているとか、裁判官は裁判官としての仕事、警察官は警察官としての仕事をするように、職務内容も個別に決まっています。

　その意味では、**自分がやりたいこと、得意なことを仕事にできればやり**

がいをもてるし、よほどのことがない限りクビになることはないので、**腰を据えて長期的なスタンスで仕事に取り組めます。**

公の大きな目的のために働ける

　会社員が金銭的な利益をいちばんの目的として仕事をするのに対して、公務員はそうではないこともメリットかもしれません。

　たとえば、警察官なら犯罪や交通事故などから市民を守る、自衛官なら日本の独立や安全を守る、国家公務員なら国をよくする、地方公務員なら地域住民が暮らしやすい町をつくるといったように、**公共の利益のために働く**ことができます。

　公立高校の先生と塾の講師を例にして話を続けましょう。私は大学受験向けの塾をやっています。塾に通う生徒さんたちが希望の大学に合格できるよう、日々一生懸命指導しています。一方で、指導者であると同時に民間企業の経営者でもあります。どうすれば多くの生徒さんに入塾してもらえるか、どうすれば会社として利益を残して講師の方により多くの給料を払えるか（もちろん自分の給料も！）などを基準に働いていることも事実です。その意味で、学校の先生とは働き方が違います。

　塾は利益第一主義だからダメだと言っているわけではありません。ただし、学校の先生はみなさんにとっていちばん頼りになる存在であり、公務員である学校の先生は、金銭的利益を考えることなくみなさんの高校生活を支えてくれる存在だと思っています。

公務員はチャレンジしづらい

　公務員にもデメリットはあります。一つの職務にじっくり取り組める反面、新しい仕事にトライするとか、収入を上げるためのチャレンジがしづ

らいという点です。

　公立高校の先生は一生懸命に教えて大学進学の実績を上げたとしても、それだけで給料が上がることはないでしょう。また、一度学校の先生になったら基本的にはずっと学校の先生のままであって、いきなりほかの仕事を担当することは稀です。

　それに対して、塾の講師の場合、人気講師になって生徒さんをたくさん集められるようになれば給料が上がるかもしれません。塾にも人事異動があって、マーケティングだったり、人事だったり、新しい仕事にチャレンジさせてもらえる可能性もあります。

　同じ会社の中でもいろいろな仕事が経験できて、仕事の幅を広げられるというメリットが考えられますが、学校の先生はこのような形のチャレンジはできません。

　また、**公務員は職場を変えてキャリアアップを図ることが難しい**とも言えます。塾の講師なら給料や職場環境などよりよい条件の塾へ移ることが可能です。一方で、公立学校の先生は、基本的には決められたところで働き続けることになるので、**選択の幅が狭まってしまうデメリットがある**かもしれません。

 ## メリット・デメリットを見きわめよう

　公務員に限りませんが、物事にはメリットとデメリットがあるものです。また、ある人にとってメリットであることが、ほかの人にとってはデメリットとして作用することもあります。

　公務員のメリットとデメリットをよく認識し、自分の希望や適性などと照らし合わせてチャレンジしてほしいと思います。

THEME 20 資格・免許が必要なのは どんな仕事？

国が管理する資格が国家資格

　資格・免許にはさまざまなものがあります。民間資格や国家資格のほか
に、両者の中間に位置づけられる公的資格もありますが、ここでは、国家
資格についてお話しします。

　国家資格として身近なところでは、自動車運転免許がありますね。みな
さんのご家族の中にも運転免許をもっている方がいると思います。日本国
内では、自動車を操作できるという理由だけで車の運転を許されるわけで
はありません。国が定めた講習や実習を受けて試験に合格し、国から運転
免許を付与されてはじめて車の運転をすることができます。

　運転免許のように、**国が資格を認め、その資格を与えるかどうかを判断
し、付与する資格が国家資格**です。

国家資格に学歴は必要？

　職業にも国家資格が必要なものがあります。たとえば、医師や看護師の
方はみなさん国家資格をもっています。国が資格を管理するのは、その職
業の専門性の高さや社会における重要性を国が認め、お墨付きを与えるた
めです。

　そのため、国家資格の中には一定の学歴がないと資格試験を受けられな
いものがあります。ただ、**すべての国家資格に学歴が求められるわけでは**

ありません。なお、ここで言う学歴は高校卒業程度とか大学卒業程度などの本来の意味の学歴です。

学歴を問わない国家資格

学歴が問われない国家資格には、行政書士や司法書士、宅地建物取引士、気象予報士などがあります。難関国家資格と言われる公認会計士も、2006年度から学歴不問になりました。

主な仕事について、それぞれざっくり説明します。行政書士は、役所などに提出する書類を本人に代わって作成する仕事です。役所に提出する書類は難しかったり、取りそろえるのが煩雑だったりしますので、その書類作成を代行して報酬を得る仕事です。

司法書士も他人から依頼を受けて書類を作成する仕事ですが、提出先が裁判所や法務局など、より法律的な書類という違いがあります。

「宅建」と短く言うことが多い宅地建物取引士は、みなさんも将来お世話になることがあるかもしれません。たとえば、地方の高校生が都会の大学に進んでアパートを借りるような場合です。宅地建物取引士の資格をもった人に重要事項説明といって、賃貸物件の内容などの重要な事項を説明してもらいます。この重要事項説明というのは法律で決められていて、誰がしてもよいというわけではありません。資格をもっていない人は重要事項説明をしてはいけないことになっています。

これらの資格を取得するために学歴は不要です。極端な言い方をしてしまえば、高校生のみなさんも今すぐチャレンジすることができます。

学歴が問われる国家資格

一方で、**大学卒業などの学歴が求められる国家資格**があります。

テーマ21でもお話ししますが、医師や薬剤師は大卒が条件であるだけでなく、専門の学部を卒業している必要があります。

　身近なところでは、学校教員も一定の学歴が必要な資格です。ただ、教員の場合は必ずしも4年制大学卒業である必要はなく、短大や専門学校卒業でも教員免許をとることができます。

　また、弁護士などの法曹関係の職に就くには、基本的に4年制大学を卒業し、そのあとにロースクール（法科大学院）と呼ばれる大学院で2年間履修する必要があります。その後に司法試験にチャレンジする流れです。

　司法試験の場合、大学を卒業しなくても予備試験という試験に合格すれば、司法試験を受ける資格を得られます。今の司法試験は法科大学院卒業者を想定した試験ですが、代わりの方法も用意されています。

　以上のように、ひと言で学歴が必要といっても、資格によって条件はさまざまです。

 ## 大切なのは学ぶ姿勢

　国家資格には数多くの種類があり受験資格も異なります。学歴がなくてもとれる国家資格があって、その職業に就ける道は開けています。

　ただ、**資格試験を受けるルートがあることと、実際にその資格をとれることは別問題**です。私の知り合いにも行政書士や司法書士が何人かいます。行政書士や司法書士は先ほどお話ししたように学歴を問いませんが、私の知り合いは全員大学を卒業しています。それも、難関と言われる有名な大学を出ている方が多いです。

　同じように、教員は先ほど短大卒や専門学校卒でもなれるとお話ししましたが、私の知り合いには、（たまたまかもしれませんが）4年制大学を卒業した方しかいません。

　ルールとして学歴を問わない場合があるのは事実ですが、実際は国家資格をとるのは簡単ではありませんから、しっかり大学で学んだ上で資格をとっている人が多いという現実があります。

　特に難関資格を必要とするのは専門性の高い職業なので、たくさんの書籍を読んで内容を理解したり、暗記したり、試験に向けて問題を解く練習もしなければいけません。やはり、**高校生や大学生のときに基礎的な学力を養い学び続ける習慣を身につけておくこと**が必要です。

◎ 主 な 国 家 資 格

分　　　類	主な国家資格・国家試験
法律系	司法書士、行政書士、社会保険労務士（社労士）、弁理士
IT・情報・ウェブ系	IT パスポート、情報セキュリティマネジメント、基本情報技術者、応用情報技術者、ウェブデザイン技能検定、情報処理安全確保支援士（登録セキスペ）
不動産系	宅建士（宅地建物取引士）、管理業務主任者、マンション管理士、測量士・測量士補、土地家屋調査士、不動産鑑定士
会計・経理系	ファイナンシャル・プランニング技能士（ファイナンシャルプランナー／FP）、公認会計士、税理士
建築系	建築士、建築施工管理技士、土木施工管理技士、管工事施工管理技士、造園施工管理技士、造園技能士、建築設備士
介護・福祉系（医療系を除く）	社会福祉士、介護福祉士、精神保健福祉士、保育士
フード系	調理師、栄養士、管理栄養士、製菓衛生師
教育関連	登録日本語教員、図書館司書、幼稚園教諭免許状、小学校教諭免許状、中学校教諭免許状、高等学校教諭免許状、養護教諭免許状
生活関連	美容師、着付け技能士、気象予報士、商品装飾展示技能士（ディスプレイデザイナー）、ピアノ調律師、フラワー装飾技能士

※医療系の国家資格は**テーマ 22** を参照。

資格・免許は どうすればとれるの？

「資格＝就職」ではない

資格をとれば仕事を得られると思っている高校生が多いのではないでしょうか？　私も子どもの頃はそう考えていました。

実際は、資格はあくまで特定の職業に就くために必要であったり、仕事の上でプラスになったりするのであって、**資格をとるだけで就職できる、またはお金をたくさん稼げるわけではありません**。このことをまず押さえておいてください。

資格・免許は2つに分けられる

資格や免許は大きく2つに分けられると思います。

一つは、資格がないとその職業に就けないというものです。わかりやすい例で言えば、医師がそうですね。医師免許がないと医師にはなれません。薬剤師や看護師になるにも免許が必要です。弁護士や裁判官、教員なども資格がないとその職に就くことはできません。

もう一つは、資格をもっているとプラスになるというものです。たとえば、英検（実用英語技能検定）やTOEIC®が挙げられます。ウェブデザイン技能検定もイメージしやすいかもしれません。簿記検定なんかもそうです。その資格をもっていなくても仕事に就けますが、もっていると有利に働くかもしれないという種類の資格です。

資格が必要な職業に就くには？

まず、就職に必要とされる資格のことからお話しします。

もしも**資格が必要な職業に就きたいと考えるなら、その資格に応じた道筋をつける**必要があります。

たとえば、医師になりたい場合は医師免許が必要ですが、まず何よりも医学部に進学しなくてはなりません。医師免許を取得するには医学部で医学を履修し、かつ医師国家試験に合格する必要があるからです。弁護士になる場合は、司法試験に合格する必要がありますが、大学は必ずしも法学部でなくて大丈夫です。

資格が必要な職業の中でも、就職までの道のりは異なりますので、それぞれに応じて動くことが大切です。

 ## 早くから作戦を立てよう

資格が必要な職を目指すのは一般的に早いほうがよいと言えます。30歳を過ぎてから、医学部に入り直すとか弁護士を目指して司法試験を受験する人も実際にいますので、いくつになってもチャレンジすること自体は素晴らしいことですが、早くから動くことに越したことはありません。

やはり、一般的には年齢を重ねるごとに選択肢は減っていきます。**選択肢の多い若いうちに道筋を立て、一つひとつの段階をクリアしていけるよう作戦を練るべき**だと思います。医師や薬剤師のように、医学部や薬学部に入る必要のある職業は高校生のうちに進路を決める必要があります。資格が必要な職業に興味があるのであれば、高校生である今のうちからその道筋を調べるのがよいと思います。

また、資格が必要な職業は、一般的な就職活動や公務員試験とは違う過

程を経て職を得る場合が多いです。法曹関係であれば、司法試験に合格したあとに司法修習という研修期間があり、この研修の試験をクリアしてはじめて弁護士、裁判官、検察官になる資格が与えられます。もちろん資格をもっているだけでは意味がありませんから、さらに就職活動的なこと（面接を受けに行くなど）もしなければなりません。

　資格が必要な職業に就くまでには**一般の就職活動よりも長い道のりが必要なものがあり、その意味でも早くから動くことが望ましい**のです。

 ## プラスになる資格の取得も計画的に

　次に、もっているとプラスになる資格についてお話しします。

　高校生の場合、英検を利用した大学入試を聞いたことがあるかもしれません。英検を利用することで大学入試の際に加点があったり、もしくは、英検○級をもっている人しか受けられない試験を受けられたりといった優遇措置があります。

　就職活動でも同様で、就職に必要がなくても、資格をもっていることで入社試験の評価が上がる場合があります。

　このタイプの資格はいつでも目指せるものが多いです。たとえば英検やTOEIC®などは、厳密に言うと検定試験なので、いつ受けてもよいわけです。ただ、いつ取得してもよいため後回しになることも多いので、**計画的に取得したほうがよい**でしょう。

 ## 5～10年先を見据えて資格をとろう

　この種の資格、検定試験は本当に数多くあって、私が調べただけでも数百というレベルどころではなく、それこそ無数にあると言ってよいくらいたくさんあります。プラスになるからといってむやみに受けることはおす

すめしません。

　検定試験の類は必要になったときに受けることもできますので、**5年、あるいは、長くても10年ほど先の将来を考えて、必要になりそうなものにチャレンジする**のがよいでしょう。

◎ 資格が必要な主な職業に就くまでの流れ（例）

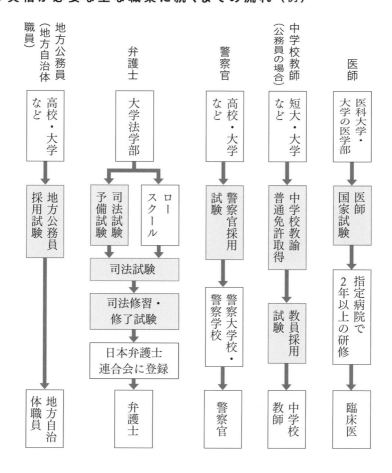

医療従事者って
どんな仕事?

 医療従事者とは?

「医療従事者」というと、医師や看護師、薬剤師などを思い浮かべる人が多いと思います。ただ、ひとくちに医療従事者といってもさまざまな職業があって、定義が実はあいまいです。

医療に携わる職業全体をさす場合もありますが、ここでは、国家資格が必要な医療従事者のうち、代表的なものについてお話しします。

◎ **厚生労働省所管国家資格一覧**

【医師、薬剤師など】
　医師、薬剤師、保健師、助産師、看護師、救急救命士
【理学療法士、放射線技師など】
　理学療法士、作業療法士、言語聴覚士、視能訓練士、診療放射線技師、臨床検査技師、臨床工学技士、義肢装具士
【歯科関連】
　歯科医師、歯科衛生士、歯科技工士
【はり・きゅう関連】
　あん摩マッサージ指圧師、柔道整復師、はり師、きゅう師
【その他】
　精神保健福祉士、公認心理師など

●医師、薬剤師など

　まずは、いわゆる医師系の職業があります。医師、看護師、薬剤師、救急救命士などが挙げられます。

　この職業の人たちはみなさんもイメージしやすいと思いますので、細かい説明は省きますが、救急救命士とは、救急車の中などで医師と連絡をとりながら高度な救命処置をすることを認められている人たちです。

●理学療法士、放射線技師など

　医師の指示に従い、患者さんをフォローしたり特定の医療業務を行ったりする仕事があります。

　理学療法士は、病気やけがをした人などのリハビリテーション、歩く、立つ、座るといった基本動作の回復をサポートする仕事に従事します。そのためにマッサージをしたり、リハビリ用の運動を行ったり、あるいは、整形外科で受けた人がいるかもしれませんが、電気刺激による治療などを行います。

　診療放射線技師は、医師の指示のもと、患者さんの体に放射線をあてる仕事です。画像の診断や、がんなどの放射線治療を担当します。放射線を使わないMRI検査なども放射線技師が行う場合があります。

　放射線は人体に影響を与えますので、専門的知識のない人が照射すると患者さんに危険が及ぶ場合があるので、放射線技師の国家資格をもった専門の技師でないと操作できないのです。

●歯科関連

　これもわかりやすいですね。歯科医師や歯科衛生士があてはまります。歯科衛生士は、国家資格をもたない歯科助手とは異なり、患者さんの口腔内に触れる医療行為を行うことができます。

●**はり・きゅう関連**

　はり師、きゅう師、柔道整復師などの仕事です。

　はり師は、体に鍼（はり）を打って、ツボを刺激して治療をします。

　きゅう師は、薬草などを体にのせて燃やすことによって血流をよくし、肩こりや腰痛、冷え性などを治療します。

　柔道整復師は、骨折やねんざなどをしたときに、骨や関節を固定し、回復させる仕事です。接骨院や整骨院などで治療をします。

 ## やりがいもあるが大変な仕事

　医療従事者としての仕事は先述した以外にもいろいろあり、資格をとるための難易度も仕事によって違います。

　全体として言えることは、患者さんの健康や、場合によっては命にもかかわる大変な仕事なので、収入は比較的高めの職種が多いです。特に医師や歯科医師は、社会的なステータスが高いと思われている傾向もあり、みなさんが憧れる職業の一つだと思います。

　ただ、病院勤務の医師は当直があって夜中に働いたり、緊急の事態が起きたときにはプライベートを犠牲にして病院に向かわなければいけなかったりというケースもあります。**やりがいのある仕事だとは思いますが、大変な仕事である**とも言えます。

 ## 仕事内容がイメージしやすい

　就職を考える上で仕事内容がイメージしやすいこともポイントです。会社員の場合、一つの会社の中に部署や職種がたくさんありますし、今はコンサル系やIT系が人気だと言われても、どのような仕事でどのように働くのか想像するのが難しいと思います。

　一方で、**医師や看護師の仕事は多少なりともイメージできる**でしょう。もちろん実際に働けば、イメージと違うことは多かれ少なかれ必ずあるものです。とはいえ、ある程度でもイメージできるのは高校生にとっては大きいと思います。

　しかも、やりがいがあって社会的にも重要な仕事というのもポイントです。私も高校生との進路相談で、医療従事者をすすめることが多いですね。

 ## キャリアチェンジしにくい

　医療従事者の仕事は専門性が高く、細分化しています。また、資格がないと従事できない場合が多く、キャリアチェンジしにくいという側面があります。この点は公務員と似ているところがあって、デメリットとして作用する場合があります。

　たとえば、会社員だったら10年働いて、30代半ばで別の仕事にチャレンジするのは現在ではごく普通のことです。ところが、10年間内科医として勤めた人が30代半ばになって外科医をやりたい、あるいは、IT業界で働きたいというのは不可能ではありませんが、現実的ではないでしょう。

　医療従事者のような専門性の高い職業はキャリアチェンジしにくいという特性があることは、注意すべき点だと思います。

THEME 23 「資格・免許をもっていれば稼げる」ってホントなの？

世の中そんなに甘くない？

　高校生から「資格や免許をもっていれば稼げますか」と聞かれることがあります。今回のテーマと同じ質問ですが、その生徒も「資格があれば稼げる」と信じているわけではないと思います。世の中そんなに甘くはないと理解しているはずです。

　わかっているのになぜそのような質問をしてくるかと言うと、「資格をもっていればなんとかなるかも……」という、一縷（いちる）の望みをかけて聞いてくるのだと思います。

　では、実際どうなのか、これからお話しします。

資格や免許によって稼ぎは変わる

　これまでも医師の例を取り上げていますが、医師は稼ぎがよいイメージがあると思います。医師は医学部を卒業して医師免許を取得している方です。国家資格ですね。実際、平均年収は1,000万円を超えていますから、稼げる仕事の一つと言えます（のちほど118ページのコラムでもくわしくお話ししますね）。

　同じく国家資格・免許が必要な職業の例を挙げると、タクシードライバーも免許が必要です。一般的に私たちが車を運転するときは普通自動車第一種運転免許が必要なのですが、タクシードライバーになるには第二種

免許の取得が必要です。お客さんを乗せて営利目的で運転をしますので、そのための講習や試験を受ける必要があります。

そのタクシードライバーの平均年収は、約300万円と言われています。医師と比べてざっと3分の1程度です。

これだけ差が出るのにはさまざまな理由があって、**その職業や業界の稼げる度合いのほかに、その資格をとるための大変さ、難易度が関係**しています。タクシードライバーの資格をとるための労力と医師免許を取得する労力を比較するとかなり差があります。

やはり、医師免許を取得するほうが大変で、その分、稼ぎもよいというのは致し方のないことでしょう。

 ## 同じ資格・免許でも稼げる人と稼げない人がいる

医師とタクシードライバーという異なる職業を比較しましたが、**同じ資格・免許をもっていても稼げる金額には違いが生じます。**

少し前に、稼げない弁護士が増えているとニュースで報じられたことがありました。これはある程度事実だろうと思います。弁護士の数が増えすぎたことが理由の一つなのですが、受難の時代と言えるかもしれません。

弁護士以外では、税理士にもすごく差が出ていると感じています。税理士も国家資格で、会社の税金などを計算したりアドバイスしたりする職業です。私の知り合いに税理士が何人もいるのですが、かなり格差が激しいようです。

稼いでいる例をお話しすると、自分で税理士法人をつくってたくさんの顧客を抱え、税理士も雇って手広く稼いでいる友人がいます。税理士の仕事をするといろいろな会社とつき合いができて、そこから業界の実情などがわかってきます。それをいかしてコンサルティングを行う会社を新しく

立ち上げてダブルで稼いでいます。医師なんか目じゃないほど稼いでいます。

　一方で稼げない例もあって、先ほどのタクシードライバーより少しだけよい程度の稼ぎの人もいます。理由はいろいろありますが、稼げる人と稼げない人に分かれている現実があります。

社会のニーズも稼ぎに影響する

　同じ資格の職業で稼げる金額に差がつく度合いは、職業によって異なります。弁護士や税理士の人たちの中で差が出る例を話しましたが、医師の場合はそこまで差がつくことはありませんし、そもそもの金額も高いです。

　この違いは、その職業の人が足りているのか、不足しているのかという問題もかかわっています。弁護士の場合、人余りの状態になっていて、弁護士の数ほど仕事がないということも考えられます。

　資格をとって稼ぎたいと考えている人は、今後、ニーズがどれだけ見込めるのかを見きわめる必要があるでしょう。

「資格をとったら稼げる」という発想は捨てるべき

　ただ、私がみなさんにいちばん伝えたいのは、**資格や免許をとったとしても、それで簡単に稼げるという発想は捨てたほうがよい**ということです。

　先ほどの「稼げない弁護士」の話ですが、それこそご飯すらまともに食べられないような弁護士は、仮に存在していたとしても大概の場合、自身のせいでそうなっていることが多いです。

　通常、弁護士が仮に独立するとしても、まずは法律事務所に就職して数年修業し、実績やネットワークをつくってから独立することが大半です。対して、「稼げない弁護士」は修業せずに独立している人が多いのではな

いかと思います。社会人としての基本的なコミュニケーションができない
などの理由でどこの事務所からも採用してもらえず、独立せざるを得な
かったケースも想定されます。

このようなケースでは、独立しても集客もできなければマーケティング
もできない、案件を受けてもまともに処理できないため、弁護士の仕事以
外のアルバイトをして生活の足しにせざるを得ない状況に陥るわけです。
この原因は弁護士としての能力というより、社会人としての意識の問題と
言えるでしょう。

**資格や免許をとるということは、その職業に就くためのスタートライン
に立つことでしかなく、そこから本当に頑張らなくてはならない**のです。

 ## プラスアルファのための資格取得

ここまで、資格・免許が必要な職業を取り上げてきましたが、会社員の
資格取得について少しつけ加えましょう。

たとえば、英語の能力が重視される職場で働いていて、TOEIC®で何点
とったら月給にプラス数千円、といった手当てがつくケースがあります。
稼げるというほどではありませんが、待遇としてはその分よくなり、やる
気もアップするでしょう。会社に対して仕事への取り組み姿勢をアピール
することにもつながります。

会社勤務を続けながら資格にチャレンジするのは大変かもしれませんが、
キャリアが広がる可能性もあります。資格が必要な職業であれ、会社員、
あるいは公務員であれ、**社会人になってからも意識を高くもち続け、努力
を続けることが大切**です。

THEME 24
起業家ってどんな仕事？ 稼げるの？ どんな人に向くの？

今は簡単に起業できる時代

起業家というのは、自分で会社を起こして運営する人のことを言います。会社員や公務員はもちろん、資格・免許が必要な職業でも、どこかの組織に所属し雇われる側になって働くことが多いのですが、起業家は自分でビジネスを展開して人を雇う側になります。この点は会社員と大きく異なるところです。

今は会社をつくることが結構簡単になっていて、基本的に誰でも諸費用20万円ちょっと（株式会社の場合）で会社をつくれます。最近は個人で会社を立ち上げている人も多く、中には会社を2つや3つもっている人もいます。

世の中にインパクトを与えるのが起業家

私も会社をつくって運営していますが、自分のことを起業家だとは考えていません。もちろん私も起業はしましたし、今は昔よりも規模が大きくなっていますが、上場したりとか、何十億円調達したりとか、そこまでのことはしていませんので、自分のことは中小企業経営者だと思っています。

単に会社を起こして運営するだけならその人は経営者であって、おそらくみなさんがイメージしている起業家とは違うだろうと思います。

起業家というのは、イノベーション＊を起こして会社を大きくし、世の

中に大きなインパクトを与える創業者と言えばよいでしょうか。

たとえば、みなさんも知っていると思いますが、Apple Inc.（アップル）を創業したスティーブ・ジョブズが代表的な起業家として挙げられるでしょう。今は誰もがスマートフォンを当たり前のように使っていますが、アップルが開発したiPhoneは当時画期的な製品でした。私たちのライフスタイルや社会を一変してしまうようなイノベーションをもたらしたのです。

iPhoneほどのインパクトはなくても、なんらかのイノベーションを起こし、資金を調達してさらに大きな影響を及ぼすような、そのような人たちを起業家と呼ぶのだと思います。

起業はハイリスク・ハイリターン

起業は会社員などより稼げる可能性がある一方で、収入が大きく落ち込む可能性もあります。景気がよいときに急に儲けが 3 倍や 5 倍になることもあれば、何か大きな失敗や経済状況の変化などで儲けが 3 分の 1 に減ったり、赤字になったりする場合もあるかもしれません。

実際、私の知り合いの中にも自己破産を経験した人がいます。事業のために借りたお金が返せなくなって、個人のお金でも払いきれず、ついには自己破産をしたというケースです。

逆に毎年何億円もの利益を出している人もいます。リスクが高い分、うまくいったときのリターンが大きくなる可能性があり、**収入面では今までお話ししてきた職業の中で最も不安定な職業**と言えるでしょう。

起業家に向くのは野心家

起業家の場合、ビジネスの好不調が自身の収入に直結する可能性があり、

安定を重視する人には向いていないでしょう。**起業家に向いている人は、野望をもっている人**だと思っています。収入が不安定になるリスクを冒しても自分の野望をかなえたいと考える人です。

　会社員や公務員になれば、毎月決まった金額をもらって生活していけるのに、自分で会社をつくってまでビジネスをするというのは、普通ではなかなかできないことです。自分の野望をかなえたいという思いのほかに、人とは違ったことをしたいとか、集団行動が苦手だとかいう人は起業家の素質があるかもしれません。

 ## 起業することがゴールではない

　高校生や大学生から「起業家になりたい」という相談を受けることがあります。実はこれはおかしなことです。**起業というのは、自分の野望や達成したい何かがまずあって、それを実現するための手段でしかない**からです。その何かがないのに起業家になりたいというのは本末転倒と言えるでしょう。

　成功している起業家の人は「起業家になりたい」と思って起業しているのではありません。「こんな製品があったらめちゃくちゃ便利なのに、どうしてないんだろう」といった強い思いに突き動かされ、「誰もやってないなら自分でやるしかない」と考えて取り組んでいくうちに、起業という手段にたどり着いたのだと思います。

　たとえば、ロボット掃除機がありますね。まだ比較的高価ですが一般の家庭でも使われるようになってきました。このロボット掃除機を開発した起業家は、「毎日掃除をするのは面倒くさい、掃除機が自動でぐるぐる床を循環してきれいにしてくれたら便利だ、世の中の人の掃除の負担を軽減したい」などと考えてロボット掃除機を開発したのではないでしょうか。

今では普及が進み多くの人を掃除の負担から解放できたと喜んでいるかもしれません。自分が起業家だ、社長だと言って喜んでいるのではないと思います（そういうタイプの起業家も存在することは否定しません）。

起業は自分の夢や野望を達成するための手段であって、スタートラインに立ったにすぎません。この点を勘違いしないでください。

ビジネスを成功させるには信頼が必要

先ほどから起業家に向く人は、人と違う行動をとりたがる人だとお話ししましたが、もっと言うと、私を含めて起業しようとする人はどこか欠落しているところがある人が多いかもしれません（苦笑）。

ただ、会社員や公務員にも言えることなのですが、**起業家にとって大事なことは、周囲から信頼されること**です。

たとえば、他人から何かをしてもらったら「ありがとうございます」と言えるとか、約束の時間に遅れないとか、そういうごく当たり前のこと、常識的と考えられることができないと信頼を失います。

将来、起業家の道を歩むことになったとしても、信頼が大切であることを忘れずに、チャレンジしていってほしいと思います。

*イノベーション：日本語では「技術革新」と訳されることが多い。新たな技術の開発や創意工夫を図り、新しいやり方や価値をつくろうとする活動をさす。

THEME 25 フリーランスってどんな仕事？

 個人として働き、仕事ごとに報酬を得る

フリーランスとは、いろいろな会社や役所などから仕事を受けて報酬を得ることを言います。基本的には自分で会社に営業活動をしたり、紹介を受けたりして仕事をもらいます。この点は起業家に似ていますが、**個人として仕事をする**という点が起業家と異なるところです。

また、会社の仕事をして、会社から報酬を得るという点においては会社員と同じですが、仕事内容や期日、報酬についてその都度取引先の会社と契約を結んで仕事を引き受ける点が会社員と違います。

 フリーランスは業種を問わない

働き方の多様化が進むにつれ、今ではどの業種にもフリーランスとして働いている人がいます。

みなさんにも身近な例としては、予備校の先生方が挙げられるでしょう。テレビCMやウェブ広告などで見たことがあるかもしれませんが、大手予備校の先生はフリーランスの方が多いです。塾業界や予備校業界は以前から講師の方にコマ単位で授業を請け負ってもらい、その分の報酬を支払うという「業務委託契約」の形が一般的です。

最近はウェブ関係の仕事でフリーランスの人が多くなっています。ホームページをつくったり、SNSの運営サポートをしたり、YouTubeの動画

編集に携わる人も多くなっています。

　ライティング系もフリーランスと相性がよい仕事です。インターネットに掲載する記事の作成も多いですが、本や雑誌の記事を書いたりニュース記事を作成したりするライターの方は伝統的にフリーランス（業務委託）契約が主流です。

フリーランスの働き方は自由度が高い

　最近はフリーランスとして働く人が増えているのですが、これには2つの理由があると思っています。

　1つめは、フリーランスは働き方が自由であることです。フリーランスは会社に所属しないので、逐一会社から指示や命令を受けることは多くありません。仕事の内容にもよりますが、自分のやり方で仕事を進められ、場所も自宅だったり自分の好きな場所だったり、仕事をする時間も自分で自由に決められます。契約条件にある納品物（たとえば原稿やデータ）を期日までに納めればよいので、**仕事を完成させる過程は自由に決められる**わけです。

　会社員だと、たとえば朝9時に出社して夕方6時までは勤務しなければなりません。ただ、実際には忙しい日もあれば、暇な日もあるはずで、実質的な仕事の効率を考えると本当にこのような働き方に意味があるのだろうかと考える人が増えているのでしょう。

　また、今は家庭を優先にした生活を送りたいとか、プライベートの趣味の時間を大切にしたいという気持ちがある中で、休みの日や仕事の日、時間帯も含めて自分でコントロールしたい人が増えていることも背景にあります。その点、必要なタイミングで仕事をすればいいので、会社員の働き方と比べて**フリーランスの働き方は格段に自由度が高い**のです。

実力次第で会社員より稼げる可能性がある

2つめの理由として考えられるのは報酬面です。会社が会社員を雇うとき、実は支払う給料よりも多くの金額が必要になります。会社が負担する社会保険料をはじめ、オフィスの家賃や机、いす、パソコン、その他の備品を用意する費用などが必要ですね。

これに対して、フリーランスへの業務委託ではこれらの経費はたいてい不要です。同じ仕事をやってもらうにしても、会社の負担が少ない分、フリーランスのほうが多くの報酬を受け取れるケースが（必ずしもそうなっていないこともありますが）、可能性としてはあるわけです。

会社員も今は必ずしも雇用保障がある時代ではないので、より多く稼げるフリーランスになる人が増えています。能力とやる気がある人は、取引先を2社、3社、4社と増やしていけば報酬もどんどん増えていきます。**実力次第で稼げる可能性**があり、働き方の自由さと相まってフリーランスの魅力が高まっています。

フリーランスにデメリットはある？

フリーランスにももちろんデメリットはあります。会社と契約して仕事をもらうわけですから、その会社の状況によって収入が大きく左右される場合があります。取引先の会社の経営状況が悪くなると、会社員の人員整理より先に業務委託契約が打ち切られるケースが多くあるのです。

もう一つ、会社員は会社から教育を受けられる場合が多いのですが、業務委託の**フリーランスに対してコストをかけて教育を施そうという会社はほとんどない**と言ってよいでしょう。今のスキルに満足して努力を怠っていると、数年後にはそのスキルが時代遅れになって仕事をもらえなくなる

可能性があります。会社員は「保障が弱まっている」とお話ししましたが、**フリーランスには「そもそも保障がない」**わけです。

 ## フリーランスに向いているのはどんな人？

フリーランスに向いているのは仕事に対するモチベーションが高く、自分で仕事を管理したい人でしょう。

フリーランスは自分の意思次第でチャレンジができますし、仕事を自分で管理できます。会社に縛られず自分の人生をコントロールしたいという意欲のある人にはフリーランスは向いています。

リスクはもちろんありますが、そのリスクも以前に比べて減っていると言えます。そもそもフリーランスとして働いている人はやる気がある人なので、普段から積極的に勉強をしています。しっかりと知識やスキルをアップデートしていれば、仮にフリーランスとしてやっていくのがきつくなっても、そのときに採用してくれる会社も案外多いものです。

一方で、**みんなと同じように流れで生きていきたい、仕事の仕方は他人に決めてもらったほうが楽でいいと考えるタイプの人にはフリーランスは向かない**でしょう。このタイプの人は自分で時間を決めてもさぼってしまいがちです。むしろ、組織の一員として働いたほうが成果を出せるタイプだと思います。

職業選択は働き方も含めて、自身の性格や考え方に照らし合わせて向き不向きを判断することが大切です。

結局どんな仕事が おすすめなの？

 やりたいことより「向いていること」を仕事に

「好きなことを仕事にしたいのですが、どうすればいいですか」。就職に関して私がいちばんよく受ける質問です。この質問に対して私は「好きなことを仕事にするのは素晴らしいことだ。でも、**自分がやりたい仕事よりも、自分に向いている仕事をしたほうがいい**」と答えるようにしています。

なぜ、このように答えるかというと、仕事というのは楽しいことばかりで成り立っているわけではないからです。

たとえば、本が好きで好きで仕方がない、本づくりに携わりたいと考えて出版社に入ったとしましょう。ただ、出版社の仕事にもいろいろあって、必ずしも自分がやりたい仕事だけができるとは限りません。むしろ、自分が本当に好きだと思える仕事をやれるのはほんの一瞬かもしれません。

そればかりか、やりたくない仕事をやるように言われれば、会社員である以上、「イヤだからやりません」というわけにはいきません。好きな気持ちが強すぎる分、その反動でその会社や仕事が嫌いになってしまう可能性もあるのです。

 好きなことは年齢とともに変わる

もう一つ言えるのは、好きなことは変わっていくということです。みなさんは、小学校のときに好きだったマンガや、中学生のときにハマってい

たゲームが今でも好きかというと、必ずしもそうではない場合が多いのではないでしょうか。

　好きなものは時間が経つにつれ変わっていくものです。好きだから仕事にしたいと思っても、就活をする頃、入社の頃にはもう好きではなくなっていることもあり得ます。

　仕事は数年で終わるものではありません。現役を引退するまで数十年続きます。もちろん、好きなことをきっかけに仕事を調べてみる、職業を考えることは素晴らしいことです。しかし、どちらかと言えば**自分に向いているとか、評価してもらえそうな仕事を選んだほうが、長い間でのメリットは大きい**と思います。

得意なことが苦手になることは少ない

　向いていること、得意なことは、すぐに苦手になるということはありません。みなさんにも得意科目、苦手科目があると思いますが、それは小学生の頃から得意だったり、苦手だったりしたのではないでしょうか。

　得意なことは年齢を重ねても大きく変わることはほとんどないと思います。**仕事選びを好きか嫌いかではなく、得意か苦手か、向いているか向いていないかで考えたほうがいい**、と私が考える理由はこの点にもあります。

向いている仕事を探すのは難しい

　では、自分に向いている仕事をどうやって探せばよいのかということですが、これが実は難しいのです。周りの大人や先輩方にアドバイスを求めても、正解は得られないと思っておいたほうがいいです。

　私も就職するときに、自分に向いている仕事は何だろうと考えました。自分はモノを売り込むことが得意ではない、だから営業職は向いていなそ

うだ。一方で、資料をつくったり、お金の計算をしたりするのは得意だ、ということでコンサルティング会社に就職しました。

それで実際に働いてみてどうだったかと言うと、自分が思っていたほど自分に向いているわけでもなかったのです。営業も得意ではないけれど人並みにはできましたし、逆に得意だと思っていた細かい資料づくりも、すごくできたかというと大したことはありませんでした（笑）。

働き始めてからあらためて自分の強みはいったい何だろうと考え続け、「これだ」とようやく気づいたのは、4〜5年前のことです。

それは何かと言うと「続ける」ということです。続けるといったん決めたら、絶対に続けてやれることが自分の強みだとわかりました。頭を使って細かい仕事を緻密にするよりも、むしろ得意なのは行動力や継続力のほうだったわけです。

このやり続けることができるという強みがいちばん発揮されたのがYouTubeです。動画を週何本出そうとか、毎日出そうといったん決めたら、私は絶対に出します。このことに気づいてからは、YouTubeに限りませんが、自分の強みをいかして仕事ができています。

 ## いろいろなことを経験して向いている仕事を探そう

みなさんがこれから自分に向いている仕事をどうやって探すのかというと、**たくさんのことを経験してみるしかない**というのが私の考えです。

私がYouTubeを始めたのはたまたまです。時間に余裕があって、YouTubeに興味があって、顔出しも名前出しも気にならなかった。たまたまそういう人間だった私が、YouTubeをやってみたら見事にはまったのです。YouTubeとの出会いは私にとっては運命的なものだったのかもしれません。本当にたまたまでしたから。

この私の経験から言えることは、自分に向いているものを探すよりも、**好きなことでも嫌いなことでも、とにかく経験することが大事**だということです。まずは好きなことからで構いません。でも、嫌いだと思っていたことが案外自分に向いていることだってあり得るわけです。

みなさんも大学に入ったら、まずはいろいろ経験してください。アルバイトをしたり、インターンを経験したりして社会との接点を広げ、そこから考えていってほしいと思います。

さらに言えば、みなさんが就職をして、一度社会人になったとしてもそれで終わりではありません。今は転職もしやすい時代ですから、**自分には何が向いているのか、探し続けることが大切**です。

 ## 最終的には自分の気持ちが大事

最後に向き不向きを考えるときに大事なことをお話しします。それは、**自分の納得感、満足感を大切にするということ**です。

おすすめの仕事をインターネットなどで検索すれば、お金が稼げる業種だったり、拘束時間が短い職種だったり、数字ではかれる指標に基づいてさまざまな仕事が出てくるでしょう。

でも、実際に仕事をするにあたっては、長い時間働いても楽しい、苦にならないとか、稼ぎはよくないけれど毎日やりがいがあるとか、「この仕事がいい！」と実感できることが大事です。

他人と比較せず、あくまで自分の気持ちに向き合うことが仕事選びのポイントだと思います。

「いちばん稼げる職業」は医者ってホントなの？

「稼げる職業」と聞いてみなさんが真っ先に思い浮かぶのは医師でしょう。厚生労働省が発表している令和3年賃金構造基本統計調査では、医師の平均年収は1,378万3,000円であり、この金額を聞いただけですごいなと思うでしょう。が、私の体感値では医師の稼ぎはもっと多いです。

なぜかと言うと、この統計の平均年収には医師と名のつく人が全部含まれているからです。国家資格をとったばかりでまだ独り立ちしていない若手の医師や、たとえば70歳を過ぎてのんびり開業医を続けている方も含まれます。家庭と両立したいから週3日だけ勤務する医師もいます。世のため人のために働く人が多いのでお金を重視しない医師も多いです。

一方で、お金にこだわって働けば、2,000万円以上は普通に稼げると思います。医師にはアルバイトの仕事があり、どこかの病院で臨時に働けるのですが（いわば副業）、その場合、時給は5,000円から2万円です。丸一日のアルバイトだと10万円ぐらい稼げます。普段、病院に勤務して1,000万円もらっている人が医師アルバイトを週2日続ければ、年間でプラス1,000万円は稼げる計算になります。

この金額は実際に医師の方から聞いたものなので、誇張でも何でもありません。私の周りにはたまたま医師の知り合いが多く、ご飯に行ったり話したりして聞いたことです。働き盛りの年齢であれば平均より稼いでいる人が多い、というのが実態でしょう。

第**3**章

高校生から
知っておくべき
「就活」
の超基本

いつから就活を始めればいいの？

高校受験はいつから始めた？

このテーマの問いに答える前に、まず私のほうからみなさんに質問をしましょう。みなさん、高校受験の勉強はいつから始めましたか？

人によって答えはいろいろだと思います。受験の3か月前ぐらいから頑張って勉強したと答える人がいるかもしれません。もっと早く、中学2年生の時点で塾に通い始め、勉強をスタートしたと答える人もいるかもしれません。

中には、学校の成績（評定）をとり始めたのは中学1年生からだから、その意味で中学1年生から受験が始まったと考える人もいるかもしれません。さらに言えば、小学校で漢字や計算などの勉強の基礎を習ったので、小学生から高校受験が始まっていたと答えても、否定はできません。

同じことが就活についても言えます。**就活をいつから始めるかという質問に、明確な時期を答えるのは難しい**のです。

大学選びから就活は始まっている

高校生のみなさんは今、大学受験のことで頭がいっぱいだと思いますが、実は就活の基礎準備がもう始まっていると言えなくもありません。受験の第1段階として志望校を決めることになりますが、どの大学、どの学部に進むかである程度就職の方向性が決まる場合があるからです。

　たとえば、メーカーの研究職に就きたいと思っている人が、法学部や文学部などの文系学部に進むと、その職種に就職するのは難しくなります。もっとわかりやすい例で言えば、専門職を目指す人は大学選びのときにすでに就活が始まっているのです。医師を目指すなら医学部に入らなければならないので、医学部合格を目指して勉強を始めた時点で就活が始まったと言っても過言ではありません。

　具体的な職業までは決められなくても、**大きな方向性を決め、そのために大学受験の勉強を始めることが就活のスタート**なのです。

　大学1年生のときから就活を意識する

　ここまでお話ししてきたように、就活のスタートはいつがよいかについて明確に答えるのは難しいのですが、あえてアドバイスをするなら、具体的な就活対策（たとえば、応募する会社を調べたり、筆記試験の勉強や面接のシミュレーションをしたり）をするのは、大学3年生のはじめからスタートしてほしいです。

　ただ、大学3年生の夏休みにどこかの企業の選考を受けるなら、その年の4月から就活でアピールできる経験づくりを始めても時間が足りません。あとでくわしくお話ししますが、面接では大学時代に頑張ったことや成果を聞かれます。浅い経験をアピールしても面接官には響かないでしょう。

　その意味では、**大学1年生のときから就活を強く意識して大学生活を送るべき**です。いろんな経験をして、実績として誇れるものをつくっていってください。

大学生はどういう流れで就職するの？

大学受験と大学生の就活の流れを比較してみよう

大学生の就職活動は高校生のみなさんにはイメージしにくいかもしれませんので、大学受験と比べながらお話ししましょう。125ページの図を見ながら読んでいただくとわかりやすいと思います。

大学受験の流れ

まずは大学受験の流れを簡単に説明します。

●Step1：志望校決定

大学受験の場合、まず志望校を決めます。第1志望から第3志望ぐらいまで決めることが多いと思いますが、早い学校では高校3年生の夏休み前後、多くの学校では秋に志望校を決定します。9月、遅い場合でも11月頃には学校の先生と保護者の方との三者面談を行って志望校を決めます。

●Step2：出願

次のステップは出願です。年末年始以降、志望校に出願書類を送って、正式に受験を申し込みます。昔は用紙に記入して送っていましたが、今はインターネット上で名前や住所などを入力して出願することもできます。

●Step3：受験

3つめのステップが受験です。1月中旬に共通テストを受けて、それ以降の2月、3月に志望校ごとに決められた日に試験を受けます。

● **Step 4：合格発表**

受験のあとに合格発表があります。複数の大学に合格した場合、どこに進学するかを最終決定します。

● **Step 5：入学**

高校を卒業して、4月1日に大学生になります。

 ## 大学生の就活の流れ

次に大学生の就活の流れと、大学受験との違いについて説明します。

● **Step 1：就職先選び**

大学受験との大きな違いは、就活の期間が大学受験のような一定の期間に決まっていないことです。

大学受験の場合は、だいたい受験の半年前あたりに志望校を決めることが一般的ですが、就活の場合はもっと早く応募する会社を決める人が多いです。ほとんどの人は大学3年生の冬休み期間中、早い人だと夏休み、もっと早いと大学3年生になってすぐに決める人もいます。

大学3年生になってすぐの場合、卒業まで2年間あることになります。大学受験と比べて**就活の期間には幅があって、動くタイミングが人によって異なる**ことが就活の特徴の一つです。

もう一つの大きな違いは、**選ぶ対象となる会社の数が大学の数と比べて格段に多い**ことです。統計により異なりますが、日本には350万以上の会社があります。業種や職種、求人の有無などから絞り込むわけですが、それでも候補になる会社はとても多いので、調べるのに相当な時間と労力を要します。

● **Step 2：応募（エントリー）**

応募先を決めたら次は具体的に動くことになります。**テーマ32**でお話

しするエントリーシート*に自分の経歴などを記入し、応募先の会社に送ります。紙を利用することは少なく、ネット経由が大半です。

　エントリー解禁日と呼ばれる日があり、そこから多くの人が動き出しますが、早い人では3年生になってすぐ動く人もいて、実際に3年生の間に内定*をもらうケースもあります。

● Step 3：選考

　会社の試験は一般的に筆記試験と面接があります。今はオンラインで筆記試験を受けられ、面接をウェブ形式で行う会社も増えているので、以前と比べて地方の人も受験しやすくなっています。面接は1回だけではなく何回かあり、中には5回以上実施する会社もあります。

　選考のタイミングも人によってまちまちです。大学3年生で選考を受ける人もいれば、4年生になってからの人もいて、統一されていません。

● Step4：内定

　内定は大学受験の合格にあたるものです。電話やメールで連絡を受ける場合や、会社に呼び出されて口頭で伝えられる場合もあります。内定を承諾する書類を提出して入社を約束します。

　ただ、複数の会社を受けていることが多いので、第1志望の会社の結果がまだ出ていないと内定承諾の返事を保留する場合もあるでしょう。このあたりは大学受験でも起こり得ることです。ただし、就職の場合は内定を出した企業が、他社の選考を辞退するよう学生に圧力をかける行為も発生しており、社会問題として取り上げられています。

　内定をもらうタイミングも人によって違い、幅があります。

● Step5：入社

　入社のタイミングだけはみなさん同じで、大学を卒業した年の4月1日です。

◎ 大学受験と就活の流れの比較

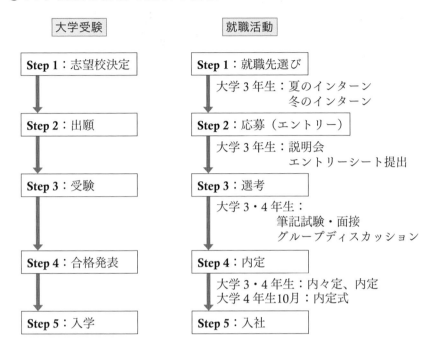

* **エントリーシート**：志望企業に提出する書類で、自分の経歴や志望動機、自己PRなどを記入する。
* **内定**：正式採用の前に企業が学生に対して採用の意思を伝えること。

就職っていつ決まるの？

「内定」ってどういう意味？

　テーマ28でもお話ししたとおり、就職活動における「内定」は大学受験の合格に相当します。

　言葉の本来の意味としては「内内で決定」ということなので正式採用ではありませんが、現在では**「内定」は「決定」とほとんど同じ意味**で使われていると思って間違いありません。

内定までのスケジュール

　具体的に内定がいつもらえるかについてお話しする前に、内定までのざっくりとしたスケジュールを説明します。

　就職活動には「広報活動の解禁日」「採用選考の解禁日」「内定の解禁日」の3つの解禁日があり、以下の日程になっています（2023年10月時点）。

◎ 就活における3つの解禁日

広報活動の解禁日	大学3年生3月1日
採用選考の解禁日	大学4年生6月1日
内定の解禁日	大学4年生10月1日

　「解禁」とは、たとえば広報活動の解禁日で言えば、「3月1日から広報活動を行ってよい。それより前は禁止」という意味です。

　なぜ、このような解禁日が設けられているかと言うと、早くから企業が採用活動を始めると学生が勉強に集中できなくなり、学生生活に影響が出る懸念があるからです。そのため企業側は一定の期日を定め、それ以前の採用活動を自粛する協定を結んでいるのです。

就活の現実

　この協定は「経済団体連合会（経団連）」＊という組織が決めているルールです。経団連には規模の大きな会社が加入していますが、日本の会社のすべてが経団連に加入しているわけではありません。経団連に加入していない会社はこの協定に縛られませんので、解禁日にとらわれることなく採用活動を進めています。

　さらに、経団連に加入している会社が内定を出すのは必ず10月1日以降なのかと言えば、まったくそうではありません。選考はもっと早くから進んでいて、実際には6月1日、場合によってはさらに早い時期に実質的な内定が出ています。

　つまり、会社側は結局自分たちの都合で選考を進めているわけで、**3つの解禁日は存在しないも同然**と言っても過言ではありません。これが就職活動の現実なのです。

インターンが採用に直結する場合も

　実際に就職活動がどのように行われているかの一つの例として、長期休み中のインターンが採用に直結する会社があります。私が大学時代に内定をもらったのは、3年生の10月1日でした。その日は内定解禁日なので、内定式に出席するスーツ姿の大学4年生たちを電車の中などで見かけたので今でもよく覚えています。

大学4年生たちの内定解禁日に、大学3年生の
コバショーは内定をもらっていた！

私は3年生の夏にコンサル会社のインターンを受けていて、その後会社から呼ばれて出向いたら「あなたは内定でいいですよ」と軽い感じで言われました。自分でも少しびっくりしたことを覚えています。

私のケースは極端ですが、大学3年生の10月から3月あたりにかけて内定が出ることはいくらでもあります。経団連に加入している会社では、ルールをすりぬけるために内々定（内定の内定のようなもの）を出したり、内定の言葉は使わず「〇〇さん、うちに入社しますよね」のような口頭確認があったりしますが、これらは実際には内定です。

3つの解禁日について

このような現実がありますから、3つの解禁日にまったく意味はありません。ただ、気になる人もいるでしょうから、説明しておきます。あくまで表向きのことだと考えてください。

1つめの広報活動の解禁日は、会社側が求人情報をホームページなどに掲載し、応募の受付を開始する日です。みなさんも聞いたことがあるかもしれませんが、リクナビ*などの就職サイトに会社がいっせいに求人情報の掲載を始めます。そのため、非常に多くの大学生が就職サイトに登録したり、すでに登録を済ませていた大学生がエントリーシートを提出し始めたりするタイミングなのです。

書類選考が行われたり、オンラインで適性試験を受けたりするのも（表向きは）3月1日以降です。

2つめの採用選考の解禁日である6月1日は、企業が時間と場所を指定して面接などの選考を開始する日です。もちろん実際はこれより前にいくらでも面接が実施されています。

最後の内定解禁日である10月1日は、企業から正式に内定が出せる日です。内定は企業と学生の間で実質的な契約が結ばれている状態のことです。企業からは入社の条件と採用の意思が示され、学生もそれに同意して内定となります。

3つの解禁日の説明は以上ですが、この日程は2023年現在のものです。解禁日はしばしば変更になっていますので、みなさんが就活をする数年後には違う日程になっている可能性があります。

しかし、繰り返しますが、企業は自分たちの都合で選考を実施しており、解禁日の取り決めはほぼ無意味です。表面的なルールではなく、「実際に就活がいつ、どのように動いているか」に注意を払ってください。

＊**経済団体連合会（経団連）**：日本の代表的な企業を中心に構成された経済団体。
＊**リクナビ**：リクルートグループが提供している、就職活動を支援するポータルサイトの一つ。

THEME 30

就活って何をすればいいの？

就職に必要な3つのこと

就職するには入りたいと思う会社に応募して試験を受け、合格する必要があります。やりたい仕事、身を置きたいと思う業界から自分に合いそうな会社を見つけ、必要な対策をして応募します。

このテーマでは、就職活動の進め方について、**「会社選び」「筆記試験対策」「面接対策」**の3つに分けて説明します。

会社選びはしっかり調べることが大事

会社を選ぶときは、どんな会社があるのかを調べる必要があります。今はインターネットが普及していますので、昔と比べると業界や会社の情報は格段に調べやすくなっています。就活のまとめサイトがたくさんあり、どれがよいか迷うかもしれませんが、とにかく会社を知ることが第一歩です。

このときに大切なことが2つあります。一つは、**会社そのものについてきちんと調べること**です。たとえば、ネットで「A株式会社」を見つけたとしましょう。このとき多くの人はざっと見て「ふーん、こんな会社があるんだ」程度で終わってしまいがちです。ただ、それは意味のない行為です。一つひとつの会社をしっかりと調べることが大切です。

上場している大きな会社なら『会社四季報』*に載っていて、重要な情

報がコンパクトにまとめられています。また、ネット上で「A株式会社」と入力してニュース検索をかければその会社の最新のニュース記事を読むことができます。

　ひと通り調べた結果、その会社を受けようと思わなかったとしても、調べたこと自体は無駄にはなりません。みなさんは今、会社についてほとんどイメージができないと思いますが、大学のことならイメージできるでしょう。国公立では東大や京大がトップクラスで、私立では早慶、GMARCH、関関同立などが有名であるとか。イメージできるのは知識があるからです。同じ理屈で、会社に関して何もイメージがないのは知識がないからです。知識を増やすには、とにかく調べることです。

　調べることで知識が増えていき、その知識が次の会社を調べるときに生きてきます。一つひとつの会社についてしっかり調べることが知識につながります。

採用情報を調べる

　もう一つ大切なことは、**採用情報を調べること**です。1年前や2年前の情報があるはずなので、採用人数や応募方法、どのような試験があるのかなどを調べましょう。

　民間の会社なので、経営状況や景気のよしあしなどで人数や採用方法が変わることがあり、調べた情報をうのみにすることはできませんが、合格するのに必要な対策が見えることもあります。採用情報まで必ず調べましょう。

筆記試験を甘く見てはいけない

　次に筆記試験についてお話しします。筆記試験については**テーマ32**で

取り上げますので詳細はそちらを読んでいただくとして、ここでは会社ごとにいろいろな試験が課されることをお伝えしておきます。

　算数的素養を確認する試験もあれば、国語的素養を確認するものもありますし、同じ能力を確認する試験でも会社ごとに内容は異なります。また、会社によっては英語の能力を確認する試験や性格診断と呼ばれるテストが含まれている場合もあり、それらをこなさなければなりません。

　これらは基礎学力が問われる試験であり、レベル的には有名大学の入試問題と比べれば簡単です。ただ、**筆記試験を甘く見る学生が多い**ので、足をすくわれないように**しっかりと対策すべき**です。

 ## 面接ではごまかしがきかない

　最後は面接についてです。面接では、志望動機や入社後にどんな仕事をしたいかをたずねられます。ほかにも大学時代や高校時代の話など、あらゆることを質問されますので、入念な準備が必要ですが、事前にすべての答えを用意するのは不可能です。

　こちらから会社に対して質問する場面もあり、総合的なコミュニケーション能力が求められます。また、面接官と対話をする中で、入社の熱意もはかられます。

　面接の練習はもちろん必要です。姿勢や発声、話し方など、相手の印象をよくする練習は必ずすべきです。特に志望動機をしっかり頭に入れて面接に向かいましょう。

　ただ、この面接対策が実は難しいのです。なぜなら、**面接ではごまかしがきかない**からです。みなさんも誰かと話をしていて、話がちぐはぐだとか、嘘なんじゃないかとか、直感的に気づくときがあると思います。面接官も優秀な人材を選ぶため、みなさんに真剣に向き合っていますので、ご

まかそう、取り繕おうとしても見抜かれてしまうのです。

　ですから、付け焼き刃的に面接の対策をしようとか、嘘でごまかそうとしても、あまりよい結果は得られないでしょう。

　それよりも大学生活の中で「自分はこういうことに取り組みました、こんな経験を積みました、これだけの実績を残しました。だから、あなたの会社に入ってこういうことがしたい、自分は役に立てます、頑張れます！」とアピールすることが大切になります。そのためには、**自信をもって自分や夢を語れるだけの経験値を得ておくことが必要**です。

 ## 面接対策は今からでも始める

　会社選びや筆記試験対策はある程度時間をかければできることなので、学力に自信がない方を除けば大学3年生の4月頃からでも間に合います。ただ、**自分をアピールするには大学時代の経験や実績が物を言う**わけですから、短期間ではどうにもなりません。それこそ**大学に入ってすぐにでも始める必要があります**。

　単なる小遣い稼ぎのアルバイトをして、趣味程度にサークル活動をして、授業にも適当に出席して単位はとったけれど、特に頑張ったこともない。そんな大学生活のまま就職活動に突入すると、かなり悲惨な目にあう可能性が高いです。

　今からでも意識をして、残りの高校生活が充実したものになるよう心がけるとよいと思います。

＊『**会社四季報**』：国内の上場企業情報をまとめた本。会社の業績、役員、採用実績、株価などを網羅しており、企業や投資家の市場調査だけでなく、就職情報としても活用されている。

「学歴フィルター」って今でもあるの？

「学歴フィルター」は存在する

「学歴フィルター」という言葉を聞いたことがあるかもしれません。学歴フィルターとは、採用試験の際に、学生をふるいにかける学歴基準のことです。本来「学歴」とは高卒、大卒、大学院修了といった教育段階のことをさしますが、この場合の「学歴」は大学の偏差値やランクといった大学の格付けの類をさしています。

そして「学歴フィルターがある」というのは、在籍している大学のレベルが企業の基準に満たないと、その時点でふるい落とされ、どんなによい人材でも採用してもらえないことをさします。そして率直に言えば、**今でも「学歴フィルター」は存在する**と、私は考えています。

学歴フィルターは差別なのか？

企業が学歴フィルターを設けている理由は、採用の労力を軽減するためです。厳しい表現ですが、有名・人気企業は一定の学力をもたない学生は選考の価値がないと考えています。みなさんからすると、「それは差別ではないか」と思うかもしれませんが、そうせざるを得ない理由があるのです。

会社の採用試験では、筆記試験やエントリーシートを活用しますが、筆記試験の点数が悲惨だとか、志望動機の文章がそもそも日本語として成立

していないケースが大量に見られます。この場合、採用する企業からすれば、「このような学生」はそもそも選考の対象外なのです。そして残念ながら、「このような学生」は一定の学力レベルに満たない大学に在籍しているケースが多いと、企業側は判断しています。

学歴フィルターは企業としては合理的な方法

まだ納得できない人もいるでしょうから、もう少し補足しましょう。

企業は採用活動にお金をかけています。筆記試験をみなさんに受けてもらうのにも、お金を支払っているのです。エントリーシートをチェックする社員の給料もかかりますし、面接会場の場所代や面接官の給料も負担しています。採用のホームページをつくったり、広告を出したり、社員一人を採用するのにはお金がかかるのです。

『就職白書2020』によれば、新卒1名の採用に、平均で93万円以上のお金がかかっているそうです。企業は利益を出すことが目的ですから、採用活動においても無駄なことはできません。

ところが、エントリーシートや面接内容を判断する以前の問題で、まともな日本語が書けないとか、簡単な漢字を間違えているとか、高校生レベル（下手をすれば中学生レベル）の学力がない学生が一定数います。そのような学生を選考の対象にすることは企業にとってはコストの無駄です。そして、繰り返しますが、そのような学生は一定水準以下の大学に多いのです。

たとえば1万人を選考して1人採用するのはものすごい労力がかかります。それなら、10人に1人、あるいは5人に1人**優秀な人材がいる集団に絞り込んでから選考したほうが効率的**と考えるのは、企業としては合理的な判断です。応募する側からは差別的と考えられるかもしれませんが、採用する企業側の論理としては妥当ではないでしょうか。学歴フィルター

がおかしなことだとは思いません。

フィルターは変わりつつある

　ここまで読むと「自分は勉強が苦手だから絶望的だ」と思ってしまう人もいるかもしれません。でも、大丈夫です。最近は学歴フィルターも変わってきているのです。大きく2つの方向性を説明しましょう。

　一つは、**フィルタリングの仕方が変わってきている**ことです。昔と違って、今は会社の中にさまざまなタイプの社員がいることが大事だと考えられており（いわゆる多様性ですね）、偏差値の高い東大生や早稲田生、慶應生ばかりを採用すればよいという企業は減っています。「多様な人材がいてそれぞれ活躍してもらわなければならない。だから、あらゆる人に来てもらったほうがよい」と考える企業が増えています。

　したがって、今の学歴フィルターは、フィルターというよりグループ分けに変わっています。東大・京大などの本当のトップのグループから○人、早慶などの私大上位のグループから○人、GMARCHや関関同立などの有名私大のグループから○人、日東駒専レベルのグループから○人……のような形で、**大学のレベルごとにグループ分けをして採用枠（企業からすれば採用目標）を決めるようになっています。**

　実際、このようなグループ分けをすると、各大学で説明会を何回開くとか、どんな学生に向けて広告を打つかなど、採用活動を戦略的に進めやすくなり、企業にとってもメリットがあるのです。

学歴不問の会社も増えつつある

　もう一つは**学歴フィルターを設けない、つまり学歴を問わない会社が増えている**ことです。なぜ、学歴を問わないかというと、時代によって求め

られる能力やスキルは変わるため、大学受験に成功した人だけが優秀で、そうでない人は優秀ではないと、企業が考えなくなっているからです。

　そのため、大学名とは関係なく筆記試験の成績やエントリーシートの内容、そしていちばん重要な面接で採用を決める会社が増えているのです。

 ## 学歴フィルターをおそれる必要はないが……

　この傾向は今後も続くでしょうから、みなさんが就職活動を進めるときには学歴フィルターについて調べる必要があります。学歴フィルターがあるのかないのか、あるとしたらどのようなグループ分けなのかを把握した上で就職活動を進めたほうが効率的です。会社が自社の学歴フィルターについて公表することはありませんが、四季報やネットの口コミ、先輩の情報からわかる場合があります。

　先述したとおり最近は学歴でフィルターをかける会社は減ってきていますので、学歴フィルターに恐怖心を抱く必要はありません。学歴フィルターで落とされたと批判的に騒ぐ人がいますが、実は筆記試験でひどい点数だったり、エントリーシートの日本語が崩壊していたりする人が多いです。

　ただし、どのような状況でも、**学歴には一定の評価が下されます。大学受験は頑張ったほうがよいし、頑張った経験はみなさんの今後の人生の糧になる**でしょう。私も応援しています。

「エントリーシート」や「SPI」って何？

応募のときに提出する「エントリーシート」

「エントリーシート」や「SPI」という言葉にはあまりなじみがないかもしれません。まず、エントリーシートについて説明しましょう。

みなさんが企業に応募するときは、名前や住所、大学名といった個人情報や、志望動機や大学時代に頑張ったこと、自己アピールなどを書くことになります。それらを書く紙のことを「エントリーシート」と言います。昔、インターネットやスマホなどがない時代には紙に書いて提出していましたが、現在ではほとんどウェブ経由で提出します。なお、住所や学歴などは「履歴書」という形で別に受け付ける企業もあります。

「エントリーシート」にはミニ作文を書く

エントリーシートでは基本的な情報のほかに、たいていの会社で**ミニ作文が求められます**。300〜400字程度のものですが、中には1,000字程度のものもあります。しかも、1つだけというケースは少なく、3つから5つ、あるいはもっと多い場合もあります。

内容は、学生時代に頑張って取り組んだことやその成果、自身のアピールポイントのほかに、自分の価値観について書くこともあります。あとは、その会社に入りたい理由、つまり、志望動機や入社してやってみたいことを書くケースが多いです。

　会社によって質問の仕方は違います。たとえば、「あなたが独創性を発揮した経験を教えてください」「あなたがリーダーシップを発揮した場面を教えてください」といった経験値を求められる質問から、「あなたは動物にたとえると何ですか」「あなたにとって『働く』とは何ですか」といった思考力が求められる質問もあり、**どんなことを聞かれても書けるように準備をしておく必要**があります。

　根本的には、先ほどお話しした大学時代に注力したこと、残した実績などをベースに質問に応じた文章を書く形になります。

「エントリーシート」は面接に直結している

　最後にエントリーシートを書くにあたっての重要なポイントをお話しします。それは、エントリーシートに書いた内容がそのまま面接につながるという点です。

　面接ではエントリーシートに書かれた内容をもとに面接官が質問をします。「ここにはこう書いてあるけれど、実際どうなの？」などと説明を求められるわけです。エントリーシートに実態とかけ離れた内容を書いていると、突っ込んだ質問にきちんと答えられなくなる可能性があります。ごまかそうとしても見破られますので、面接はうまくいきません。

　エントリーシートを書く際は、その後の面接で聞かれることを意識して書くことが大切です。

「SPI」とは就活版共通テストのようなもの

　ここからは「SPI」について説明します。**SPIは、会社にエントリーしたあとに受ける筆記試験**の一種です。リクルートマネジメントソリューションズ社が開発したもので、多くの企業に採用され、筆記試験の代表的

なものになっています。

　SPIを含めて筆記試験にはいくつかの種類があり、また、会社によって受け方もさまざまです。インターネット上で受けるウェブテスト、テストセンターという会場に集まり、そこでパソコンを使って受けるテスト、会社に呼ばれてマークシートに記入するテストなどがあります。やり方が違うのは不正を防止するためや、かかるコストが異なるためです。

 筆記試験は難しい？

　筆記試験は、「能力検査」と「性格検査」の大きく2つに分かれます。

　先に「性格検査」についてお話ししましょう。性格検査は、日頃の考え方や行動などに関する質問に答えて、性格の特徴や適性を確認する検査です。ありのままを答えればよいのですが、やる気がないような答えばかりしていると、性格的に仕事に向いていないと判断され、落とされます。自分の得意不得意や、やりたい仕事を自分の中で明確にして受けるようにしてください。

　「能力検査」は文字どおりみなさんが想像するようなテストです。SPIの場合、能力検査は大きく「言語分野」と「非言語分野」に分かれます。

　「言語分野」とは、わかりやすく言えば国語の能力を問うテストです。言葉の意味や話の内容を理解する能力が問われます。レベル的には共通テストよりも簡単な問題が多いです。ただ、きちんと論理関係を把握しないと正解できない問題やひっかけ問題がたくさん出るので注意が必要です。

　「非言語分野」とは、算数・数学的なテストです。計算問題や論理的思考力を問う問題などが出題されます。こちらも共通テストや高校の定期テストより簡単で、基本的に中学生レベルの知識で解ける問題がほとんどです。ただ、中学生レベルであっても難しくつくることは可能ですから、会社に

よっては難解な問題を出すところもあります。

　また、英語の試験を課す会社もあります。英語の問題に関しても共通テストより簡単か同じくらいのレベルです。ただしごく一部の外資系企業では、言語、非言語を問わず普通の大学生では対応できない問題を出すケースがありますので、その場合は入念な学習が必要になるでしょう。

筆記試験対策はしっかりと

　自分が受ける会社がどんな試験を採用しているかは、インターネットで調べられることが多いです。特に有名企業ではネット上に口コミ情報もあります。もちろん、年度によって変わる可能性はありますが、試験対策はしっかりやっておくことが重要です。

　一つ言えるのは、**時間の制約が厳しい試験が多い**ことです。大学受験の共通テストと同じですが、制限時間を意識した練習をしないと本番では時間が足りなくなります。この点からも**筆記試験対策は必須**と言えます。

　私は、筆記試験はすごく重要だと思っています。なぜなら、就活ではよりレベルの高い人たちと戦うからです。高校生になると学力の差は歴然としてきます。東大に現役合格するレベルの人の中には採用試験対策をせずに満点をとる人もいるのです。大学歴でそもそも負けているのに、さらに筆記試験で負けてしまっては相当不利になります。

　筆記試験は対策をすれば点数がとれますので、しっかりと勉強して臨むべきだと思っています。

面接ではどんなことを
聞かれるの？

 面接は大きく3段階あり、段階に応じて質問内容が変わる

就職面接はほとんどの場合、複数回行われます。回数は企業によって異なりますが、**基本的には大きく3つの段階**に分かれます。

序盤の面接では人柄や**志望動機**などについて聞かれます。中盤の面接では**能力やスキルについての質問**が多くされ、採用企業とのマッチングが確認されます。終盤の面接では入社の**意思確認**が行われます。

企業の選考方針によって違いはあるものの、基本的には序盤、中盤、終盤と進むにつれて面接の目的が異なり、それにつれて質問も変わってきます。

では、それぞれの段階でどんな質問をされるのかをお話ししましょう。

序盤の面接では、以前のテーマでも説明したように、**エントリーシートに書かれた内容をベースに質問**されます。大学時代の経験としてサークル活動を頑張ったと書いてあれば、どのくらい打ち込んだのか、どんな成果をあげたのかなど、エントリーシートの内容を深掘りする質問が多くなります。

志望動機についても質問を受けます。エントリーシートに書いた内容をしっかり頭に入れて面接に臨んでください。

次の**中盤の面接では、学生の能力や入社してから活躍できそうかを見きわめよう**とあらゆる角度から質問をされます。

最後の終盤の面接では、学生の本気度がはかられます。内定を出したのに辞退されると企業側も困りますので、「もしオファーをしたら入社してくれるか」を確認する質問が増えます。入社してほしいと考えている場合、積極的に学生から質問を受けて疑問点を解消するやり取りも行われます。

 ## 一貫性をもって答える

次に面接で注意してほしいポイントを 2 つお話ししましょう。

1つめは、**面接では一貫性をもって質問に答える**ことです。会社によって異なりますが、面接官は毎回変わるケースが多いです。もちろん、前の面接の結果は次の面接官に引き継がれていますので、同じ質問に対して違う答えが返ってくると、面接官は違和感を覚えるでしょう。

次の段階の面接に進んだということは低い評価ではないはずなので、その場で取り繕ってコロコロ話を変えてはいけません。一貫性をもって面接に臨むべきです。

 ## 質問の意図をくみ取って答える

2つめは、**相手が何を聞きたいのかをくみ取って答える**ことです。序盤では志望動機を中心に質問をされることが多いですが、それ以外にもあらゆる質問をされます。逆に、中盤や終盤の面接でも人柄や志望動機を聞かれる場合があります。

ただ、序盤から終盤へと段階が進むにつれて、企業側が聞きたいことは変わっていきますので、面接の段階、目的を踏まえて、それに応じた適切な答え方をすることが大切です。入社の意思確認の段階に入っているのに、学生時代に頑張ったことを聞かれたからといって、長々とその話をしてもピントがずれているわけです。マイナス評価を受ける可能性もあります。

面接で失敗しないために

　ありがちな勘違いとして、面接をプレゼンだととらえている人が多くいます。エントリーシートを頑張ってつくったので、その内容を精一杯アピールしようと、ずっとしゃべり続ける人がいます。

　しかし、**面接はプレゼンではなくコミュニケーションなので、質問に答えればいい**だけです。「趣味は何ですか」と聞かれたら「週末にサッカーをすることです」で十分です。さらに聞きたければ相手が聞いてきます。「休日にサッカーをするのが趣味です。大学時代にずっと続けていました」程度に付け加えるのは構いませんが、軽く質問しただけなのに、5分も10分もしゃべられたら正直迷惑です。この点はよく注意しましょう。

アルバイト面接の延長ではない

　みなさんの中にはアルバイトに応募して面接を経験した人がいるかもしれません。ただ、アルバイトの面接と会社員の採用面接はまるで違います。

　アルバイトの面接は「とるための面接」です。人手が足りないからアルバイトを募集をしているわけで、シフトが合わないなどの理由で不採用のケースはあっても、基本的には採用することを前提に面接が行われます。

　一方で**社員面接、特に人気企業の面接では「落とすための面接」**を何度もされます。先ほどよりお話ししている3段階のうち、終盤は「とるための面接」ですが、序盤・中盤は「落とすための面接」です。先述した筆記試験も典型的な落とすためのものと言えます。

　面接では、会社によってはわざと厳しい質問をぶつけてくるケースもありますので、アルバイト面接の延長のように考えていると痛い目にあいます。

グループディスカッションを重視する会社が増えている

最後にグループディスカッションについてお話しします。

近年は、採用試験においてグループディスカッションが重視されるようになっています。グループディスカッションとは、だいたい4〜6人（もっと多い場合もありますが）、志望学生を集めて企業から与えられたテーマについて一定

◎ **グループディスカッションのテーマ例**

● 概念的なテーマ
「社会人と学生で、何が違うか」
「働くことの意味は何か」
● 課題解決的なテーマ
「○○会社の売上を2倍にするにはどうしたらよいか」
「若者の投票率を上げるにはどうしたらよいか」
● アイディア・自由発想的なテーマ
「人間の幸せとは何か」
「みなさんが通っている大学の偏差値を上げるにはどうすべきか」

時間学生同士がディスカッションを行い、最後にその結果を発表する形式の選考です。

グループディスカッションでは、もちろん、自分の意見を述べることが大事ですが、**人の意見を聞く姿勢や取りまとめる能力、発表する能力など、学生の多面的な力をはかります。**

中には、選考の9割がグループディスカッションで、面接は最後の社長面接だけといった会社もあり、一部の企業ではグループディスカッションが非常に重視されています。

今は高校生でも授業でディスカッションをすることがありますが、グループディスカッションは初対面の人たちと議論をしなくてはいけませんので、別物と考えるべきです。グループディスカッションを体験できる場所や勉強できる機会などを活用して対策をしてください。

THEME 34

どんな人が 就活に有利なの？

大学受験はどんな人が有利？

　就活の有利・不利について大学受験の場合と比べて考えてみましょう。大学受験は学力が物を言う世界です。特に一般選抜においては、筆記試験の得点でほとんど合否が決まりますので、偏差値の高い人が有利、低い人が不利になります。

　どの科目も偏差値70の人だったら、ほかの人と比べて圧倒的に有利になります。逆にどの科目も偏差値が低ければ、有名大学への進学は難しいというわけです。

　学部や大学によっては、英語が得意な人が有利だったり、数学が得意な人が有利だったりしますが、受験生の力をはかるのは「本番での得点」という一つの物差しだけです。

企業ごとに独自の物差しがある

　大学受験の有利・不利はわかりやすいのですが、就活の有利・不利はそう単純ではありません。

　もちろん、表面的には、難関大学に通っている人や筆記試験で高得点をとれる基礎学力の高い人が有利ですし、面接ではトーク力のある人、コミュニケーション能力の高い人が有利です。では、そのような能力を兼ね備えていれば志望企業に合格できるかというと必ずしもそうではありませ

ん。

　なぜなら、**企業ごとに多様な物差しや評価基準がある**からです。いくら優秀な人でも企業が重視する物差しに合わなければ不合格になります。以前にもお話ししたように、日本には350万以上の会社があり、業界や職種も多様です。企業ごとに異なる物差しがあり、また、一つの企業でも職種が違えば評価基準も違ってきます。

就活の有利・不利は一概には言えない

　たとえば、1回筆記試験をして面接を4回行う2つの会社があるとしても、ある会社はエントリーシートや筆記試験の重要性が高く、面接の重要性は中ぐらい。別の会社は筆記試験の比重は10％程度で、ほとんど面接で決まるといった違いがあります。

　面接の重要性が同程度の会社であっても、人柄がいちばん大事だと考える会社もあれば、能力やスキルが大事だと考える会社、とにかくやる気重視の会社もあります。あるいは、志望動機や大学時代に頑張ってきたことを重視する会社もあります。

　業界や職種ごとの傾向にも絶対的なものはありませんし、時代の変化とともに評価基準が変わる可能性もあります。さらに、企業ごとの評価基準が明らかになっていないので、**就活でどんな人が有利かを一概に言うことは難しい**のです。

チャンスはすべての人にある

　難関大学に通っていて筆記試験の点数もよい、面接でも流ちょうにしゃべる。でも実は人柄がよくなくて、他人の話をあまり聞いていないし、他人を見下す発言が多い人。

会社によって評価基準が異なるので、どういう人が採用されるのかはわからないが、裏を返せば誰にでもチャンスがあるということ

一方、難関大学ではないし筆記試験も平均的だけれど、面接官の話を笑顔で聞いて、質問も積極的にして、頑張りたい気持ちが伝わってくる人。この2名を比べた場合、面接官がどちらの人と働きたいと考えるかは会社によって違います。あくまで個人的な意見ですが、私なら後者の人と働きたいと考えます。

裏を返せば、大学受験では勝てなかった人に、就活では勝てる可能性があるのです。ある程度はみんなにチャンスがあると言えます。

 ## しっかり調べて、たくさん受ける

では、そのチャンスをつかむにはどうすればよいのでしょうか？　これについての答えも簡単ではありません。各企業の評価基準が正確にはわからないからです。実際、学生の大多数は評価基準がわからないまま適当に選考を受けています。

そう考えると、やはり大事になってくるのは、自分がやりたい仕事は何なのか、自分に向いている仕事は何なのかをまずしっかり考えることになります。企業の正確な評価基準がわからない以上、自分自身の軸をもって、「結果的に自分に合った会社に入る」という覚悟が必要です。その上で、その**業種や業界、職種のことをきちんと調べ、そして、多くの会社を受けることが大切**になってきます。

　大学受験の指導をしている私の感覚では、一般選抜で第 1 志望の大学に合格する人は全体の 2 割、多ければ 3 割ぐらいだと思います。それに対して、就活で第 1 志望の会社に合格できる人はおそらく 5〜10% ぐらいです。

　大学受験で受ける大学は 2〜3 校、多くても 10 校ぐらいだと思いますが、就活では合格率が低いので、もっと多くの会社を受けるのが一般的です。もちろん、2〜3 社だけ受けて社会人になる人もいますが、多くの場合、20 社ぐらいは受けています。

　私が就活をしたときは就職氷河時代の真っただ中だったので、50 社ぐらいにエントリーした友人も結構いました。これはあながち極端な例とも言い切れず、現在でも多くの会社を受けるべきなのです。

後悔しない就活を

　就活では落ちることを前提に、大学受験以上に**いろいろな会社を探して、納得できる会社をいくつも選んでおくことが重要**です。5 社、10 社ぐらい落ちるのは当たり前と考えてチャレンジしましょう。落とされたからといって落ち込んでいても仕方がありません。落ち込む暇があるならその時間を使って別の会社を探すべきです。

　第 1 志望から第 10 志望まで、どの会社でもよいと思えるまで十分に調べてください。足りなければ何度でも調べて候補を増やします。可能な限り準備をして、どこかの会社に入れれば納得感のある就活になるはずです。

資格や留学、大学院卒は就職にどのくらい有利なの？

就職を有利にするには？

　もしも就職に有利な武器があるのならば、それを得て活用したいと思うのは当然のことです。その武器として、資格や留学、大学院卒は、いったいどれほど有利になるのでしょうか。

資格があってもそれほど有利にはならない

●必須の資格

　国家資格がないと就職できない医師や弁護士などは、資格をもっていることが最低条件なので、その資格をもっていても有利になることはありません。全員が必ずもっている資格だからです。

　もちろん、司法試験の上位合格や超難関大学の医学部出身だと、同じ資格でも多少就職に有利に働くことはありますが、資格そのものによる差は生じません。

●プラスアルファの資格

　一方、その職業に就くための必須資格ではなく、語学検定などのプラスアルファでとる資格は、資格そのものというより取得するための努力として認めてもらえるでしょう。

　ただ、TOEIC®のスコアが高いからといって、それだけで内定がもらえるほど就活は甘くありません。仕事でガッツリ英語を使う職場なら、英語

による面接やその会社独自の採用プロセスに語学力を試す試験を盛り込んでいるはずです。

「就職するためにTOEIC®などを受けておくべき」という風潮がありますが、個人的には就職のためだけに受ける必要はないと思っています。ただし、もともとその勉強に興味があれば、取得する価値はあります。

 ## 留学そのものは大して有利にならない

「海外に短期留学したことがあります」と面接でアピールしても、「ふ〜ん。それで？」というのが採用担当者の率直な反応でしょう。留学経験は、もちろんネガティブにとらえられることはありませんが、かといってすごくポジティブな評価をもらえるほどでもありません。

かつては、留学自体が珍しかったので、海外に短期間行っただけで「挑戦したんだね」と、採用担当者に評価してもらえましたが、今は費用さえ出せれば誰でも留学できる時代で、海外留学経験者はそれほど珍しくありません。

ただし、海外の一流大学・大学院の卒業資格を取得した場合は、前述の短期の語学留学とは話が別です。海外の大学の学位取得は、それなりに大変ですから、そのレベルまでいけば評価をしてもらえると思います。

私は留学を否定しているわけではありません。海外の学校に通ったというだけなら「ふ〜ん」で終わってしまうのですが、自分が将来どのような人生を送りたいのかを考えたり、日本ではできない経験を積んだりする点では、留学はとてもよい機会だと思います。

海外では、周りは外国人ばかりで、自分が日本人であることを強烈に意識するはずです。たくさんの刺激を受けて、人生観や職業観が大きく変わる人もいます。**人生の新たなステップを踏み出すよいきっかけになる**で

しょう。

　留学に行くためにどんな努力をしたのか、留学中にどんな経験をして、そのとき何を考えたのか、帰国してから（留学を糧にして）どんな活動を行ったのか。そこにストーリーがあれば、留学経験がいきて就職に有利に働く可能性があります。**経験自体ではなく、その経験を通じて何を得たのかが大事**です。

 ## 理系大学院は就職に有利だが、文系は不利になることも

●理系は、大学院で研究した分野の会社には特に就職しやすい

　大学院修了が就職に有利かどうかは、文系と理系で大きく異なります。理系の場合、多くの大学生が4年生から専門的な勉強をするために、その領域のプロフェッショナルである教授のもとで研究を始め（いわゆる「研究室配属」）、多くの場合大学院に進んで研究を続けます。

　大学院に進むと、修士論文を書きます。修士論文を書かないと大学院を修了できませんので、大学院修了は、研究分野を勉強・研究し、論文という成果を出した証になります。学力の証明でもあり、実績の証明でもあります。企業からすれば、安心感があり、特に志望会社の研究開発部門と院生の研究対象が近い場合、その院卒生は即戦力になり得るので、採用してもらいやすくなります。

　研究分野以外や文系職の採用でも、**理系の院卒生は全般的に就職に強い傾向**があります。理系分野の素養があり、基礎学力が高いと認識されますし、教授や周りの人と研究やディスカッションをした経験が、仕事にいきると考えられるからです。

　また、高校生にぜひ知っておいてほしいのは、**研究室によっては企業への就職枠をもっている**ことです。大学進学における指定校推薦のようなも

のです。たとえば「A社、B社、C社に1名ずつ」のように、研究室（教授）枠をもっている場合は、その枠を割り当てる形で就職が決まります。形式的に選考が行われる場合はありますが、実質的に倍率の高い入社試験を受けずに就職できるのです。超大企業への枠をもっていることも多いので、理系大学・大学院は就職に非常に強いと言えます。

●文系大学院進学はデメリットも多い

一方で、文系大学院は就職に不利だという噂がありますが、これは事実だと思います。原因は2つあります。

1つめは、そもそも理系と違い、**文系は大学院に行くのが一般的ではない**こと。そのため、就職面接では、「なぜ大学院まで行ったのか」と質問されることが多くなります。「自分はこのテーマの研究がしたかった」と答えると、「それなら、その研究を続ければよいのでは？　うちに来なくてもよいのでは？」と思われてしまうケースもあり、会社とのコミュニケーションがとりにくくなる点が、文系大学院生の弱みになります。

2つめがイメージの問題です。就職氷河期の頃には、就職できなかった人が2年後に再起を図るために大学院に進学する例が多くありました。そのため、**企業側には「文系の大学院生は就職を一度避けた」というイメージ**ができあがってしまいました。実際、今でも就職したくないから、就職に失敗したからという理由で文系大学院へ行く人がいます。

もちろん純粋に勉強をしたくて進学する人もいます。勉強のために大学院に行き、就職に成功している人も多数いるので決してダメではありません。ただ世の中的に一般的ではないので、周りと違うことをするリスクを認識し、大学院へ行くからには研究職に就くくらいの気持ちをもったほうがいいと思います。

「インターン」って何?

インターンは職場体験のようなもの

大学生が会社の仕事を体験したり、実際の業務を行ったりすることをインターン（インターンシップ）と呼びます。 もともとは海外の文化ですが、最近は日本でも当たり前になり、多くの学生がインターンに参加します。

1年生ではある会社のインターンに参加して、2年生では興味が変わったから違う会社のインターンに参加するなど、数多くのインターンを経験することも可能です。

インターンは短期のインターンと、1か月以上続く中長期のインターンがあり、中長期のインターンでは報酬が支払われるケースがほとんどです。

長期インターンは、大学1年生から4年生の卒業間近までできるものもあります。一方、短期のインターンは、会社見学や採用選考を兼ねた意味合いのものがあり、就職活動期の3年生の夏休みぐらいから始まるものが多いです。

長期インターンを選ぶポイント

長期インターンの経験は就活にいかすことができます。就活の面接では学生時代に頑張ったことを聞かれますので、**インターンの経験はアピールポイントの一つ**になります。

インターン先は、就職のためにどんな経験やエピソードがほしいのかを

逆算して選びましょう。

　長期インターンの場合、職種やその会社でどんな人とかかわれるかが大事であり、業界に強くこだわる必要はないでしょう。

　長期のインターンは、期間が長くなるほど、アルバイトに近い働き方になります。インターンがよくてアルバイトが悪いのではなく、どちらも自分の時間を一定期間投資して仕事をするという枠でとらえて取り組みましょう。

　ただし、インターンでは、学生を単なる安い労働力とみなす会社もあるので、自分の時間が無駄に失われないように注意してください。

 ## 長期インターン活動のメリット

　長期インターンは、長期的に会社の仕事にかかわることになり、業界のことを深く理解でき、社会人に近い経験もできるので、就職活動にいきてくる可能性があります。また、ベンチャー企業をはじめ採用に積極的な企業だと、そのまま内定をもらい就職が決まるケースもあります。

　長期インターンのいちばんのメリットは、**活躍する社会人と直接かかわれること**です。

　大学受験を目指しているみなさんの場合、高校にOB・OGの大学生が来て講演をしてくれたり、親戚の大学生に話を聞けることもあると思いますが、直接勉強法を教えてもらったり、受験の体験談を聞いたりできる人は少ないでしょう。だからこそ、みなさんの中には、お金を払って塾に通い、講師の方や大学生のチューターに勉強を教えてもらっている人も少なくないはずです。

　それに対してインターンは、実際に自分が会社に入って、さまざまな社会人の話を聞きながら自分のキャリアを考えられて、長期インターンなら

お金までもらえるのですから、とても貴重な経験であることは間違いありません。

 短期インターンは選考に直結するケースもある

　短期のインターンは短いものは 1 日、長いもので 1 週間から 2 週間程度のことが多いです。

　1 日のインターンは会社見学程度で終わるものもあります。数日間のインターンは、実際の業務ではなく、業務のシミュレーションのような形で模擬的に課題に取り組む場合があります。もう少し長い、2 週間ぐらいのインターンになると、現場に入って仕事体験をすることもあります。

　短期インターンは、なんらかの経験やエピソードを得るためというより、就職したい業界の知識や仕事のイメージ、仕事内容が自分の希望と合っているかの確認など、どちらかというと**志望動機の磨き込みを目的に取り組**

◎ **長期インターンと短期インターンの違い**

	長期インターン	短期インターン
内容・特徴	・報酬が払われることが多い ・大学 1 年生から 4 年生の卒業間近まで可能 ・期間が長くなるほどアルバイトに近くなる ・実務的な仕事を任せてもらえる	・3 年生の夏休み以降が多い ・会社説明会・見学的なものもある ・採用選考を兼ねることがある ・簡単なワークショップ
メリット・デメリット	・興味のある業界で、会社の雰囲気を知ることができる ・内定をもらえることもある ・安い労働力とみなされる場合がある	・さまざまな社会人と会える ・本選考を兼ねている場合はインターン選考が厳しく、希望の会社のインターンに参加できないこともある ・選考に有利になるわけではない企業もある

むとよいでしょう。

　短期インターンを選考も兼ねて実施する企業もあります。インターンに参加しないと選考に進めない会社すらあります。

　非常に幅広い種類のインターンが用意されていますので、よく調べて行動することが大事です。

 ## 尻込みせず、積極的に参加しよう

　インターンを面倒がってやらない学生が結構いるようです。勉強やサークル活動、アルバイトに忙しく、インターンに時間を割けない人もいるでしょう。でも、インターンには短期のものもありますので、時間の都合はつけられるはずです。**就活での活用を考えるとインターンに参加しない手はない**というのが私の意見です。

　また、インターンが選考も兼ねていると聞くと、「自信がないからやめておこう、自分の様子を見られても大丈夫なレベルになってから参加しよう」と尻込みする人がいます。しかし、準備ができていない、未熟だと感じていても、チャンスがあるなら積極的に参加することをおすすめします。

　何をもって参加するレベルに達するのか、未熟ではなくなったのかは、自分ではわかりませんので、むしろインターンに参加して直接社員の方に話が聞ける環境に飛び込んだほうが学べることが多いです。自分の足りないところがわかってきて、何を努力すればよいのかも見えてきます。

　入社したい会社で長期インターンをしても、入社できないことはいくらでもあります。それでも、インターン時代にたくさんの経験が得られれば、同じ業界の違う会社を受ける場合でも、違う業界を受ける場合でも、その経験は必ずいきてきます。おそれずにインターンに参加してください。

THEME 37

就活って 誰かに助けてもらえるの？

 助けてもらう姿勢をもとう

就職活動において「助けてもらおう」という姿勢は大切です。なぜかと言うと、大学生は本当に何もできないからです（悪口ではなく、本当にできないのです！）。社会のことは何も知らないし、社会人としての基礎知識もありません。それをまずは強烈に自覚する必要があります。

恥ずかしい話、私も昔、意気揚々とコンサルティング会社に入社しましたが、最初はコピーすらまともにとれなかったのです。

ただし、コピーをとれないから、簡単な仕事もできないから、基礎知識がないから、その人が無能なのかというと、必ずしもそうではありません。未経験だからできないだけです。ですから、社会に出る前に誰かからアドバイスをもらうべきです。

大学受験で考えると、学校の先生に教えてもらったり塾に通ったり、わからないことがあったら質問するのは当然のことだと思います。それと同じで、**むしろ助けてもらおうとする姿勢をもってほしい**のです。

大学受験に成功した人は、「自分は優秀だから自分の力だけでやっていけるんじゃないか」と考えてしまいがちですが、就職活動は別物です。ぜひ周りの人に、積極的に助けを求めてください。

助けてくれる人はどんな人たち？

みなさんを助けてくれる可能性があるのは、大きく分けて 3 種類の人たちです。1 つめが大学の就職課（キャリアセンター）、2 つめが周りの先輩や友人、3 つめは有償の就活塾です。

①大学の就職課

大学の就職課は、就職するための基本的なアドバイスをあらゆる方向からしてくれます。はじめて就職課に行くのは抵抗があるかもしれませんが、勇気を出して行ってみましょう。みなさんが思っている以上に、親身になってサポートしてくれます。

みなさんも高校の進路指導室をノックするのはちょっと勇気が必要だと思いますが、それと同じことで、行けば必ず多くのアドバイスをもらえます。何より素晴らしいのは、無償でサービスを提供してもらえることです。ですから**最初に相談に行くべきなのは就職課**だと思います。就職への疑問や不安があったら、就活を始める学年でなかったとしても、気軽に訪問してアドバイスを求めて構わないのです。

自分が受けたい業界や企業について相談にのってもらえますし、エントリーシートや筆記試験の対策の仕方を教えてくれることもあります。面接やグループディスカッションの練習をしてくれるケースもあります。

②周りの先輩や友人

就職している大人や就職活動を終えた先輩からは、生の経験談を聞いて情報を得ることができます。身近に先輩や知り合いの大人がいれば、積極的に連絡をとって話を聞くとよいでしょう。

同期の友人たちは同じタイミングで就職活動をしていますので、どんな会社を受けているかとか、そこの選考はどうだったかとか、まさにリアル

タイムの情報を得ることができます。**先輩や同期の友人のつながりは多ければ多いほどよいです。**

③有償の就活塾

就活塾はお金を払って通うところなので費用はかかりますが、その分みなさんの就活が円滑に進んで希望の業界や企業に就職できるように、一定の時間を割いてサービスを提供してくれます。

大学受験の場合、難関大学に受かる人は何かしら塾に行っているイメージがあると思いますが、就活塾に通っている人はそれほど多くありません。有名企業に入社した人がみな就活塾に通ったかというと、必ずしもそうではありません。必要がなければ通わなくてもよいと思います。

 ## 周りの人の力を借りつつ、自分で調べ考え続ける

前にもお話ししたように、大学受験であれば大学数が限られていて、その道のプロであれば難関大学についてはある程度網羅しているので把握できます。しかし日本の企業は350万社以上と数が多いので、すべての企業のことをわかっている人はいません。就職課の職員の方が本当に的確なアドバイスができるかは保証の限りではありません。先輩は自分が入った業界以外は、まったく知らないかもしれないし、同じ業界でも先輩が入った会社以外の会社では選考方法や基準が異なるかもしれません。周りの同級生たちは、就活の動きが遅くて参考にならないかもしれません。就活塾においても、たしかに一般の大人よりもくわしいとは思いますが、どこの業界に強いかはその就活塾ごとに違いますので、みなさんが行きたい業界とマッチしないかもしれません。

自分の就職とまったく同じ希望・条件の人はこの世にいません。希望の会社に就職するために必要なことがいちばんよくわかるのは自分自身なの

ですから、**自分で調べ自分で考え続けることが大事**です。

 情報をうのみにせず、周りに流されない

　私の会社にアルバイトに来ていた 2 人の大学生のエピソードをご紹介します。私は常々、3 年生になったら就職について考え、何かしら動き始めるよう 2 人に伝えていました。

　私の話を聞いた A さんは、3 年の春からいろいろ情報収集したようです。同級生と就職活動の話をしたら、彼らも意識が高く、すでに行動し始めていました。そこで A さんも早い段階から就職活動を進めていました。

　一方、B さんが大学の友人に聞いてみたところ、3 年生の初めには誰も就職活動のスタートを切っていなかったので、小林が言っていることはおかしいと思い、大学の就職課にも聞きに行ったところ、「就活の解禁は年明けだから、3 年生の冬休みか年明けぐらいからでいいんじゃないか」と言われたそうです。

　A さんと B さんは各自で情報を集めて私の会社で会って話をしたところ、おたがいの周りの就活状況の違いに愕然としたようです。このように、周りの友人や就職課の方の言うことが正しいかどうかはわからないのです。

　B さんの大学の学生たちは、大学 3 年生の冬から始めて、一応みんな社会人になっているとは思います。でも彼らが本当に行きたかった人気の企業や業種に就職できたのかはわかりません。希望の会社の就職活動は、もしかしたら 3 年生の春や夏から始まっていたのかもしれず、もっと早く行動すべきだったのかもしれないのです。

　就活は周りの多くの人に助けてもらうべきではありますが、**情報をうのみにせず常に自分で考え、周りに流されないことが大事**です。

就活に失敗したら どうなるの？

 希望の会社を目指して再度就活をする場合

　自分が希望する業界や納得するレベルの会社に就職が決まらなかった場合、再度就職活動をするには2つの方法があります。1つめは留年という形をとり、再度大学生の立場で新卒枠にチャレンジする方法です。2つめは卒業して既卒枠を狙う方法です。

　1つめの方法では、卒業に必要な単位をあえてとらずに留年し、大学生として前年同様に新卒枠を目指して就職活動をするので、受けられる会社の幅が広い可能性が高いです。

　一方、2つめの方法は、大学を卒業して就職浪人という形をとります。学費がかからないメリットはあるものの、自分の所属する組織がなく不安を感じる人もいるでしょう。また、一部の企業では既卒生は採用していない場合も見受けられるので、注意が必要です。

　どちらの方法をとるにしても、不採用になった会社を再度受けても合格する可能性が高まるかどうかはわかりません。たとえば筆記試験を通らなかったのであれば、筆記試験対策をしてそこを突破することは可能かもしれませんが、人物評価段階や意欲を見る最終面接段階まで行ったにもかかわらず不採用だった場合は、翌年も通過は難しいでしょう。なぜなら1年で人物評価はそれほど変わらないからです。**翌年は、第1志望の会社を変更するなり、業界の幅を広げるなりして就職活動を進めるべき**でしょう。

希望の会社から内定をもらえなかった場合

ひと通り就活が終了したけれど、希望する会社からは内定をもらえなかった場合、どこでもよいからとにかく就職しようと考え、合格した会社に就職を決める人もいます。

大学時代にすでに専門的な知識や実績を積んでいて、いずれはフリーの形で仕事をするつもりだったから、就職はせずに業務委託でやっていこうとする人もいるかもしれません。そういう人以外は、どこかぎりぎり納得できる会社が見つかるかもしれないので、最後までねばって就活をしてみてください。

大学4年の後半でも募集をしている中小企業はたくさんあります。世の中は人手不足ですから、**こだわらなければ働くところがまったく見つからないということはないはず**です。

大事なのは入社後の頑張り

私が大学生の頃は就職氷河期と呼ばれ、就職が厳しい時代でした。その上リーマンショック*や東日本大震災があり、就活にはとても不利な環境であったため、早慶やGMARCHなどに通っていたアルバイト先の先輩や仲間の中にも、就職が決まらない人がゴロゴロいました。

その人たちは、就職留年をして再挑戦したり、ひとまず内定をもらえた企業に就職したりしてファーストキャリア（最初の就職）を歩み出しました。その後頑張っている人は、現在ではかなりのポジションに就き、精神的にも充実した日々を送っています。

逆に、氷河期にもかかわらず希望どおりのファーストキャリアをつかんだ人もいました。でも、そこから努力をしなければ、昇進はできません。

そのうち、会社にいづらくなって退社して、年収も下がってしまった人がいるかもしれません。結局は、**新卒で入社する会社がどこかより、その後の頑張りが重要**なのです。2つの実例を挙げましょう。

①志望していなかった商社に入社し、その後転職を成功させた友人

その友人は私と同学年で、コンサル業界を希望していたのですが、採用されず最終的に商社に入社しました。商社でも十分と思うかもしれませんが、彼は大きな挫折と悔しさを感じていたようです。その後、入社3〜4年で転職し、現在は超有名な外資系コンサルティング会社でバリバリ働いています。

新卒当時は世の中の経済状況が悪く採用人数が少なかったのですが、情勢が変わって中途採用も積極的にするようになり、力を蓄えてさえいれば、希望の会社に転職の形で入れることもあるという例です。

②27歳で中小企業に就職し、その後成功した知人

もう一人は年上の知人です。大学受験時にあまり勉強せず中程度レベルの大学に通い、就活もろくにせず、結果的にどこにも就職しませんでした。司法試験の勉強をしましたがうまくいかず、そのあげく体調を崩してしまいました。

27歳でハローワークに紹介してもらった会社にはじめて就職しましたが、そこが文字どおりブラック企業だったようです。しかし、彼はそこで頑張って働き抜き、現在はその会社の幹部となり社長の右腕以上の存在として仕事をしています。さらに自身の会社も立ち上げ、そちらの仕事も非常に順調で、一般のサラリーマンでは稼げない額の収入を得ています。

司法試験に合格できず、入社した会社もブラック企業だったし、何度も失敗しているにもかかわらず、くじけず努力し続けていれば、道は拓けるという例としてご紹介します。

新卒時の就活の結果で自分の価値は決まらない

　社会人としての基本的な働き方を学び、能力や知識を獲得する観点で、ファーストキャリアは重要です。将来転職する場合は前の会社の給与・年収が基準になることもあります。でも、**希望した会社に就職できなかったからといって、それは「失敗」ではなく、ましてや人生が終わったわけではありません**。

　たとえば、第1志望の大企業に新卒で入社でき、憧れの職業に就けたとしても、会社や仕事が合わず数か月で辞めてしまい、その後の人生がうまくいかなくなる人もいます。このような場合、その就活は「成功」だったとは言えないでしょう。

　最初に所属する会社で、自分の価値は決まりません。大学を卒業する時点で**自分の希望どおりのキャリアを歩めなかったとしても、それは人生の失敗ではない**ことをしっかり認識してほしいと思います。

　みなさんが20代前半でファーストキャリアをスタートするならば、その後約40年以上の長い間、社会人として働くわけです。もしかしたらこれからいくつも会社や職業を変えるかもしれません。第1志望の会社でやりたいと思っていたことではなく、まったく違う仕事に夢中になっているかもしれません。ですから、ファーストキャリアにこだわりすぎる必要はないのです。

　最初の失敗をおそれたりくじけたりせず、そこから努力して、逆転ホームランを狙ってください。

＊**リーマンショック**：アメリカ住宅市場の悪化によるサブプライム住宅ローン危機がきっかけとなり、投資銀行のリーマン・ブラザーズが経営破綻し、そこから連鎖的に発生した世界金融危機。

就職しても学歴は必要なの？

学歴の重要度は年を重ねるにつれて下がっていく

「学歴」の本来の意味はすでに説明しましたが、一般的な使われ方として、卒業した大学の偏差値レベルをさすことが多いので、ここではその意味で「学歴」という言葉を使います。

社会人になってからも学歴は必要なのでしょうか？　もちろん生きている以上「○○大卒」という事実は消えないので、学歴は一生みなさんにまとわりついてきます。ただし実際は、**年齢を重ねれば重ねるほど、学歴の重要性はどんどん下がってきます。**

「学歴って一生ものじゃないの」と思うかもしれませんが、考えてみてください。これから大学を受験するみなさんの周りに、小学校1年生のときの算数のテストで100点をとったことを自慢している人がいるでしょうか。小学校1年生といえば、10年ほど前の話ですよね。そんな幼かった昔のことをドヤ顔でいばる人はいないはずです。

同じように、社会人になって10年、20年経つと、ほぼ学歴は関係なくなっていきます。**学歴よりも、どんな仕事をしてきたか（職歴）や、どんな人柄か、仕事でどんな実績を出したかが重視されます。**

一般社会で学歴が話題にのぼることはほとんどない

官僚や、ごく一部の限られた東大卒ばかりの特殊な組織の場合、雑談で

「大学時代こういうことがあったよね」という話が出ると、「大学」は暗黙のうちに「東大」を示していることもあります。

　学校や塾、予備校などの教育にまつわる仕事や、官僚や医師など同質性の高い職業に就けば、多少大学の話題になることもあるでしょう。でも、それはみんな同じような経験をしているからそういう話をするだけのことです。学歴云々に関しての話ではありません。

　私は塾経営という仕事柄、大学や学歴についてYouTubeやSNSなどで発信する場面は多いです。ただし塾以外の会社も経営していますが、塾と関係ない仕事をするときに、学歴が話題になることなんてほとんどありません。

 ## 学歴は単なる個人情報の一つ

　それでは、学歴は将来どんなものになっていくのでしょうか？　**あくまで個人情報の一つの側面**でしかない、というのが答えです。大学がどこかというのは、趣味が何か、出身地はどこか、家族や友人はどんな人かなどといった、その人がもっている性質や情報の一部分でしかありません。

　ですから仮に大学受験がうまくいかなかった、失敗したとしても、過剰に心配する必要はないでしょう。実際に会社に入り、働いている中で、「あの人は〇〇大学出身で絶対優秀だから昇進させよう」とはなりません。逆に「あの人は△△大学だから昇進させないようにしよう」とか、「給料を上げないでおこう」ともなりません。

　会社を経営する人やマネジメントする人の気持ちになってもらえれば、大学という一部の経歴だけで、その人のことを決めつけ、会社で大事なポジションに置かないと決めることは、あまりにも非合理的とわかるはずです。

仕事重視

趣味重視

家庭重視

価値基準は人それぞれ。社会に出ると、学歴以外のさまざまな物差しで評価されるようになる

　会社は基本的には利益を生み出す場所なので、そのために必要なことをしなければいけません。学歴が高いから低いからとか、そういうことで物事を決めていくことはほとんどありません。

　学生時代は学力という物差しで、頭がいいとか偏差値が高いとかと比べられるので心配になるのも無理はありません。でも、**第2章でもお話ししたとおり、社会に出ればいろいろな物差しがある**のです。

　たとえばどれだけ営業成績がいいかとか、どれだけ稼いでいるかとか、それだけではなく、どれだけプライベートが充実しているかとか、どれだけ趣味に時間を使えるのかとか、家族や友人がみんな健康で幸せで生きているのかとか……。人それぞれにいろいろな価値基準があるので、決して学歴の呪縛にとらわれる必要はないのです。

 ## そうは言っても学歴が問われるときって？

　今までお話ししてきたとおり、会社員や公務員では就職後に学歴はほとんど関係なくなります。社会に出てからの評価はあくまで個人の実力次第です。

　学歴は個人情報の一つの側面でしかなく、年齢を重ねていけば重要度が下がっていきます。とは言うものの、少なくとも今後10年ぐらいは、ある程度、特に若い時分の、みなさんの生活や仕事選び、職業選択にかか

わってくることは否定できません。結婚しているかどうかとか、子どもの有無や家族構成などの個人情報や職業経験も少ないので、学歴の比重が大きくなり、学歴がかかわってくるのです。

なお、研究職には一生学歴がつきまといます。研究職は学歴がとても大事です。みなさんの中で研究職を目指している人がいたら、受験勉強を死ぬほど頑張って、とにかく難関国立大学や早慶に入学してください。

学歴そのものより、努力の過程が大切

みなさんが将来子どもを育てる親になり、子どもが中学生・高校生になると、もはや自分自身の学歴はどうでもよくなり、一方で子どもの学歴がみなさんの人生の重要事項になっていくでしょう。もし親御さんがこの本を読んでくださっていたら、首がちぎれるぐらい頷かれていると思います（笑）。

学歴があるのとないのとどっちがいいか、と聞かれればあったほうがいいでしょう。ボランティアやアルバイトの経験があるのとないのとどっちがいいかと同様、ないよりあったほうがいいというレベルのものかもしれません。

ただ、高学歴を得るために努力した過程はとても大事だと思っています。その意味において、10代のうちに大学受験のために勉強を頑張ることは、間違いなく将来のための重要事項なのです。

コバショーの 涙の就活体験記!

起業の夢を抱きつつ、一般企業を受験

私は就活をかなり早くから始めました。大学3年生の5月からです。当時は、この時期から就活を始める人は東大生の中でも少ない時代でした。

しかし、就活を始めたときにやりたい仕事が決まっていたわけではありません。将来は自分で会社を起こしてやっていきたいという思いはありましたが、そのときの私には起業してやっていけるだけの能力はなかったし、準備もしていませんでした。

このまま起業するのはさすがに無理なので、一度社会に出ようと思いました。いろんな選択肢があったのですが、なるべく早く起業するには一般企業に就職するのが近道と考えたからです。

憧れのコンサル業界へチャレンジ!

就活は手さぐりでした。周りに聞ける人もいないし、当時はネットにも大した情報はなく、ほとんど想像だけでコンサル業界を志望しました。かっこいいなと憧れた仕事がコンサル業界だったのだと思います。

今でもそうですが、コンサル会社は夏休みにインターンがあり、その中から人を採用します。調べてみると、インターンに参加するにも選考があってエントリーシートなるものを書かなくてはならないとか、コンサル会社の筆記試験は難しいということがわかってきて、必死で対策をしました。

面接では何を聞かれるかわからないので、実際に面接を受けて「こういうことを聞かれるんだ」と学びながらなんとかインターンにこぎつけました。

挫折を経験……

ここまではまずまず順調だったのですが、インターンで挫折を経験することになります。

あるコンサル会社の社員の方との面談のときに「小林くんはなぜうちの会社に入りたいの？」と質問されました。私はいつも面接で答えているように「将来起業を考えていて、幅広い能力を身につけられることと、短い期間で成長できることがコンサル会社を志望する理由です」と答えました。それまでの面接では突っ込まれることはなかったのですが、このときは違いました。「面接用の話はいいから、ぶっちゃけ理由は何なの？」と聞かれたのです。「お金を稼ぎたいとか、女の子にモテたいでもいいから、本心を教えてよ」と。私はそう聞かれて、きちんと答えることができませんでした。「それは小林くんがうちに入りたい理由じゃなくて、コンサル会社に入るとしたらどんな理由がいいかって考えた話だよね」と言われて、返す言葉がなかったのです。

このとき、私は結構落ち込みました。「大学に入るときも特に理由もなく入ったよな。それと同じことをまたやっているな」と。**このときの経験が、自分の人生を考えるきっかけになりました。**

結局、インターンでは上位志望の会社からは合格をもらえませんでした。

付け焼き刃の対策では、インターンは乗り切れない

エントリーシートや筆記試験、面接は短い期間でも頑張ればなんとかなります。エントリーシートなら人よりも長い時間を使って文章をまとめる

ことはできますし、筆記試験もしっかり勉強していけば合格点をとれます。面接も対策をして30分や1時間ほどうまく振る舞えば通るでしょう。

　ただ、インターンではその会社にいる間はずっと自分のことを見られます。素の自分がその会社の基準に達していなければ合格は勝ち取れません。就職氷河期の厳しさもあったのですが、実力が足りなかったなという思いを強くもっています。

悔しさをバネに

　自分が入社できた会社は第6志望から第8志望ぐらいの会社でした。自分が行きたい業界に入れただけでもありがたいと思う一方、やはり第1志望ではなかったし、自分が行きたかった会社に入社を決めた知り合いもいて、悔しさももちろんありました。

　それで、その悔しさを自分の中でどうやって消化するかを考えたときに、とにかくその会社で頑張るしかないと思ったのです。自分が行きたかった会社の人が1日10時間働くなら自分は15時間働こう、15時間働くなら自分は20時間働こうと考えました。最終的に内定を出してくれた社員さんがすごく自分のことを評価してくれたので、その人の信頼に応えたいと思ったのも入社を決めた大きな理由の一つになり、**与えられた場所で精一杯やってみようと決心しました。**

　入社してからは、上司に頼んで仕事をたくさんやらせてもらったり、こっそり起業して、両方の仕事をこなしたりしていました。すでにそのコンサル会社はだいぶ前に辞めましたが、**その間頑張って働いたことは本当に今の自分の財産になっています。**

　就活は残念な部分もありましたが、そこから学んで自分なりに行動を起こしたのが、今の自分にとってはよかったと思っています。

第 4 章

高校生から
知っておくべき
「進路選び」
の超基本

仕事ができる人って どんな人？

 高校時代までは、勉強ができる人が偉い世界

　日本の高校生の大学進学率は約6割で、大学に行かない人も多くいます。高卒で就職している人もいっぱいいるわけです。みなさんがスマホで出会うインフルエンサー、YouTuber、タレントといった人たちの中には、大学に行った人も行かなかった人もいます。大学に行く人と行かない人、いったい何が違うのでしょうか？

　みなさんが今までいた世界は、小学校、中学校、高校と、「勉強ができる人が偉い」世界でした。小中学生なら、スポーツが得意な人が高く評価されることもあったでしょうが、中学生が高校を選ぶ段階では、勉強ができる人、有名な高校に行ける賢い人が偉いという空気になってきたはずです（ごく一部の、全国大会に行けるぐらいスポーツができる人を除けば）。

　すべての人は平等であるべきですが、実際には差があります。そして高校選びは、受験学力によって決まっていくわけです。高校が格差を助長しているという面もあります。

　テストの点がとれる人が、有名な高校や大学に行き、有名な会社に入れる。これは否定できません。でも、それがすべてではないことは、みなさんも世の中のいろいろな人たちを見て知っているはずです。**勉強ができるに越したことはありませんが、最後は「仕事ができる人」になることが重要**です。

テストの点がとれれば「勉強ができる」ってこと？

　まだ「勉強ができる人が偉い」世界にいるみなさんは、今どんなルールの世界にいるのかを、まずご説明しましょう。

　テーマ４でもお話ししましたが、それは、「出された問題を解ける人が偉い」世界です。中間テストや期末テスト、模試、英語や漢字などの検定、そして大学受験の一般選抜、共通テストなど、誰かが問題を出し、それを速く正確に解けて、高い点数をとれる人がいい大学に行けるわけですね。これはいわばクイズ王で、誰かがつくった正解のある問題を解く能力に長けた人です。

　小学生の中学受験、中学生の高校受験の段階では、各自の職業専門性はまだありませんから、国語や理科や英語や算数（数学）といった基礎学力で、進学先の学校の勉強の水準に達しているかをはかります。人気のある中高は学校の規模（定員）に対して入学したい人が多いわけですから、学校側は難しい問題を出して残念ながら多くの受験生を落とすしかありません。有名中高に入りたいのなら、この勉強を頑張るしかありません。

　ところが大学受験では様相が変わってきます。今は大学が増えすぎた結果、一部の難関大学を除けば、大学受験は簡単になってきているのです。どこでもよければ、どこかの大学には入れます。

　さらには、早稲田、慶應義塾、上智、同志社、関西学院といった難関私立大学であっても、入学者の半数は附属高校の内部進学や指定校推薦になっています。もちろん、内部進学や指定校の枠が多い高校に入るには受験勉強を頑張らなくてはいけませんが、**誰もがテストの点数競争で大学に行っているわけではない**ということです。

　国公立大学志望者ですら、誰もが大学入学共通テストの６教科８科目で

満点を目指して猛勉強しているわけではありません。**第1章でお話しし**たとおり、今は、難関国立大学であっても、従来型の点数競争だけでなく、書類選考や小論文、面接、総合問題といった、**点数ではない評価基準で受験できる総合型選抜・学校推薦型選抜を実施**しています。

　トップ国立大学に、共通テストなしで、書類と面接と小論文などで入学できるのです。有名高校の生徒でなくてもチャンスが広がっています。現に、名古屋大文学部やお茶の水女子大は、偏差値40台の高校から合格した実例を僕は直接見聞きしています。

 ## 求められているのは、問題を発見し解決できる人

　なぜこうしたことが起きているのでしょう？　それは、**「勉強ができる」だけでなく、「仕事ができる人になれる」受験生を、大学が求めている**からです。出された問題を解けるだけの人は、誰かに命令された、言われた仕事だけをする人になりかねません。残念ながら、どんな有名企業や公務員の優秀な人でもそういう人は大勢います。

　人口が減少し、産業が衰退し、貧しくなっていく日本で、「誰かが考えた、正解のある問題だけを解ける」「自分より偉い人に、言われたことだけをやる」人ばかりでは、国家の衰退を止められないのです。

　世界情勢でも、環境問題でも、医療・福祉でも、政治経済でも、ビジネスでも、芸術でも、スポーツでも、世の中は「正解が出ない問題」「自分で考えてなんとかしなくてはいけない問題」であふれていますよね。

　そんな**今の時代に求められるのは、「出された問題を解ける人」だけではなく、「自分で問題を発見し、解決できる人」**です。だからみなさんの高校では探究学習が進んでおり、大学入試においてもテストの点数だけでなく、高校時代から世の中に関心をもち、課題を発見して取り組み、成果

を出した人、すなわち「仕事ができる人」が求められるようになったのです。

 ## 「仕事ができる人」になるためには？

　難関大学の合格には、一般選抜・共通テストの学力、すなわち「出された問題を解く力」が必要です。でも、それだけが「頭がいい」のではありません。学歴に関係なく**「仕事ができる人」は、問題を発見する力、解決する力に長けている**のです。YouTuber大学はありません。YouTuberたちは、自分で考えて工夫して成功しているのです。その能力は、僕たちにも必要です。なぜなら、仕事では起こってほしくないトラブルが起こり、正解がない問題に取り組まなければならないからです。

　人口減少により、どんな職業であってもお客さんは減っていきます。給料が上がらない会社も多いです。そんな状況で、「偉い人がなんとかしてよ」と言って、自分は言われたことだけをやっている限り、状況は悪くなるばかりです。みなさんは親世代よりも貧しくなります。給料は上がらないのに物価と税金は上がり続けるからです。

　こんな時代をあなたが勝ち抜いていくためには、「勉強ができる人が偉い」という価値観を捨て、仕事ができる人ってどんな人なんだろう、どうしたら自分はそうなれるんだろう、自分だけの高度職業専門性って何だろう、ということを常に自分で考えて学んでおく必要があります。

THEME 41

個性って何？
能力って何？

 個性を能力に変えて実績をつくろう

　あなたには個性があります。でも、人は個性だけであなたをほめてはくれません。**個性を能力に変えて、実績をつくらなければいけません**。ただし、ほとんどの高校生は、スポーツや芸術、海外留学などで顕著な実績をあげて個性をPRすることは難しいでしょう。

　かつての大学受験は点数競争の一般選抜が主流でした。高校時代に個性など出さなくても、目の前の英語や国語や数学の勉強を頑張って、受かった大学に入れば、どこかの会社に行けました。でも、今はそうではありません。

　もちろん、共通テストや一般選抜で高得点をとって憧れの大学に行ける人もいるでしょうが、多くの人は「目の前の勉強でいい大学に行く」という、将来の進路選択を先送りした意思決定では満足できないはずです。

　なぜならあなたの隣には、しっかりした将来像をもって努力しているクラスメートがいるからです。医師や看護師などの医療系を目指す人、あるいは大学で研究者を目指す人、教師を目指す人、エンジニアを目指す人。個性を能力に変える意思がある友達です。そういった、**明確に職業につながる進路を見つけた人は、目標があるので勉強も頑張れます**。

　しっかりした職業意識に到達できたそんな友達を見ていると、まだ何がやりたいか、どうなりたいかが決まらない自分に打ちひしがれてしまうか

もしれませんが、安心してください。あなたは多数派です。多くの高校生は直接将来の職業につながる進路には到達していません。大学に入ってからゆっくり考えてもいいのです。

探究学習のテーマも、必ずしもそのまま職業にする必要はありません。地域おこしについて調べて学校推薦型選抜で地域〇〇学部に行ったからといって、地方公務員になると決める必要はないのです。

 ## 「三日坊主」でもいいから、何かに挑戦しよう！

やりたいことは変わります。それは自然なことです。理系ですらそういう人は多いです。高校生が出会う人、モノ、学問には限界があります。大学に入ってやりたいことが変わったり、新たに見つかることは普通です。就職ですら、新卒で入った会社に40年以上いる人ばかりではありません。やりたいことが変わったら転職してもいいのです。

特定の職業につながる進路が見つからない人におすすめなのは、ずばり**「三日坊主」です。嫌になったらすぐやめていいので、何かに挑戦してみてください。**

文学部で歴史を学ぼうとしている人は、単に戦国時代や幕末が好き、とかではありませんか？　世界史も、特定の国や地域だけに興味をもっても、日本以外の国の多くは隣の国と土地がつながっていますから複雑な歴史があり、ひと筋縄ではいきません。まず、マンガや新書などの入門書から入って、特定の国や人物、事象などについて調べてみてください。専門家や学者がどんなに細かい仕事を丁寧にやっているかがわかるでしょう。歴史学科に行けば、あなたも大学の卒業論文でそうした研究をするのです。具体的なイメージがわくと思います。

なんとなく経済、経営、商学部といったビジネス系に進もうという人も

多いでしょう。中には真剣に経済学、経営学を学ぶ意欲がある人もいるでしょうが、多くはなんとなく進学し、なんとなく就職するでしょう。ゼミや卒論なしで卒業できてしまう大学もいっぱいあります。楽をしようと思えばできてしまうのです。しかし、勉強しないで、楽をして卒業するために、4年間で500万円の学費を払いたいですか？　車が買えますよ。

　三日坊主でいいので、経済学、経営学、商学に関心をもって、本を読んでみてください。学校の勉強だけで、経済学や経営学の面白さにたどり着くことは難しいので、ビジネス系週刊誌でもいいし、企業の社長の自伝でもいいし、とにかく手あたり次第、何かを読んでみるのです。

　僕の場合、経済学が専門の作家の友人に、「経済学ならこれ1冊という本を教えて」と頼んだところ、「アダム・スミスの『国富論』がいい」とすすめられ、会社員だったので仕事の合間に3か月かかって読破しました。それで経済学のすべてを知ったなどというつもりはありませんが、何も知らないよりは経済学に興味をもつことができ、受験生に経済学部の大学を紹介するときの指針になったり、大学の経済学の先生をインタビュー取材する際に必要な、最低限の知識や教養を得ることができました。

 ## 何事にも好奇心をもつことが大事

　世界情勢や国際関係に関心のある人も多いでしょう。最新の本やネットで情報を得るのもいいですが、キリスト教の聖書（旧約聖書・新約聖書）やイスラム教の聖典クルアーン（コーラン）を読むことを強くおすすめします。世界の多くの人が信じている宗教の根幹を知ることは、よその国を理解し、現在起きている問題を深く知るために非常に重要です。

　聖書については、新約聖書は大まかには知っている人も多いと思います。しかし、旧約聖書となると、神がアダムとイブを創造して人類が誕生した

ところから、ノアの箱舟ぐらいまでは知っていても、その後の長い話は興味がもてず手がつけられない人も多いでしょう。しかし、ここからが面白い。マンガや新書や入門書では紹介しきれない、旧約・新約聖書をすべて読んでみると、自分にジャストフィットする深い智慧（ちえ）の一文に出会うのです。

これは、有名な作家の小説も古代ギリシア哲学も同様で、いろんな本を手あたり次第に読んでいるうちに、自分にとって参考になる文章に出会うのです。

イスラム教というと、紛争とか暴力的とか厳しい戒律といったイメージをもつ日本人も多いでしょうが、テレビやネットのニュースを見てそういう偏ったイメージを抱いているだけでは世界を理解することはできません。異なる文化をもつ人をおそれて偏見をもつのではなく、理解し共存する。そのためには、僕たちも彼らの本質を理解することが重要です。

イスラム教のクルアーン（コーラン）を日本語の翻訳でよいので読み、その概要を知るだけでも理解が深まります。僕は日本語訳を3か月かけて読破しましたが、トルコやインドネシアの大学を取材した際に、その国の人々がどんな生き方や考え方をしているのかを理解するのにとても役立ちました。

重要なのは、好奇心をもつことです。「これって何だろう？」と思ったら、自分で調べてみる、本を読んでみる、イベントに行ってみる、人に会って話を聞いてみる。飽きたり興味がなければ別のことをして構いません。何でも挑戦してみる。そうしているうちに、**思わぬ本や人、出来事との出会いがあり、あなたの個性がはぐくまれ、好きなことや興味があることが経験や能力になり、実績として積み上がり、あなたは何者かになっていける**のです。

42

大学に入って なんだかガッカリした……

 大学に入学しても、すぐに専門的な学問は学べない

　期待をもって大学に入学したのに、「授業が面白くない、つまらない」というのは、新入生からよく聞く言葉です。どうしてつまらないと感じるのでしょうか？

　医学部に入ったからといって初年度から専門的な医学ばかりを学ぶわけではないし、工学部建築学科でいきなり家を建てるわけでもない。大学1・2年生の段階では、学問の基礎となる入門科目や、数学、物理学、哲学、文学といった幅広い教養の科目や体育、英語などもあり、**思ったように好きな授業ばかりは受けられない**のです。しかしここで基礎となる学問を学んでおかないと、医学や工学などといった専門的な学びに進めません。

　大学ではじめから専門的なことだけを学びたければ、イギリスやオーストラリアの大学に行ってください。ただしそれらの国の大学に行く場合は、1年間の予備校のような学校に通って、結局は教養科目を学ばなければいけない場合が多いです。

　アメリカの大学は日本と同じで最初は教養ですから、面白い授業ばかりというのは幻想です。ただし、アメリカの大学は、課題が多かったりディベートがあったりなどして1科目の負荷が大きく、日本の一般的な多くの大学に比べると熱心に勉強する傾向はあります。

大人数で受け身の講義は、面白くなくて当たり前

基礎・教養の科目の多くは、高校のクラスとは比べものにならない大人数で行われることが多いです。大きな階段教室で先生が一人でしゃべって何百人かで黙って聴く講義が面白いはずがありません（面白い講義をする先生が少数いることを否定はしませんが）。寝るか、友達と騒ぐか（しかられます。ほかのまじめな学生の邪魔をしてはいけません）、ノートパソコンやスマホで遊んでいるか。いずれにせよ、まじめに授業を聴いている学生ばかりではなく、授業の多くは退屈なのです。

一方、最近はアクティブラーニング、PBL（プロジェクト・ベースド・ラーニング）といった、課題を設定して仲間や先生や企業関係者と議論して課題解決をする授業も増えてきています。ただし、それはそれで大学側が用意したものですから、すべてが楽しいとは限りません。

大学の授業を面白くなるようにカスタマイズしよう

大学の授業がつまらないのは、あなた用にカスタマイズされていないからです。医師や看護師やエンジニアや教師や栄養士になるのなら、国家資格の取得に向けて決まった科目を学ばなければなりませんし、文学でも経済でも、学問の型、学んでおくべき基礎のスタイルは誰にとっても同じだからです。そもそも、**大学の授業に、面白さを期待してはいけない**のです。

医療系や理工系なら、日々の勉強はとても充実していて忙しい傾向が強いので、こんな悩みは少ないでしょうが、文系の学生の多くはこの「期待していたほど大学の授業が面白くない。でも、わりと時間はある」という状態になります。アルバイトで時間を埋める学生も多いです。でも、働くことは大学を出れば嫌でもできます。今あなたがやるべきことは学問です。

アルバイトはほどほどに、**自分用にカスタマイズした大学の学問を追求**してみませんか？　幸いなことに、大学側は必修の授業だけでなく、さまざまなプログラムを用意していますから、それらを有効に活用すべきです。

　たとえばあなたは、小論文ぐらいは受験で書いたかもしれませんが、大学の卒業論文のようなアカデミックな文章を書いた経験はまだないはずです。自分の学問分野の先生方の論文や著書を読んでみましょう。そして、自分もそうした文章が書けるようになりましょう。多くの大学では「アカデミック・ライティング」の講義や課外講座があり、学術論文を書く上で必要なライティングスキルを教えてくれます。

　論文やレポート作成で不可欠な引用や出典の明記といった学術的な文章のマナーを知っておくことは重要です。ウィキペディアやChatGPTなどの出典が怪しい情報、フェイクニュース、陰謀論などを、あたかも事実のように信じ込んでレポートを書いてしまう学生は存在します。

　古代ギリシアの時代から、中世ヨーロッパの大学の発祥、近現代に至るまで、あまたの**学者・研究者たちが築き上げてきた学問のルールを、まずは自分の頭と体にたたき込み、研究の基礎をつくりましょう。**

　第2外国語を学ぶのもよいと思います。英語はできて当たり前。ほかに中国語、韓国語、フランス語、ドイツ語などの講義がある大学が多いですが、自分の興味関心のある言語を学べる大学を選び、多様な文化圏を知ることは視野を広げます。

 ## 自分の大学以外の講座や就業体験も積極的に活用しよう

　企業の寄付講座や提携講座があれば、積極的に受講してみましょう。多くの学生は、卒業後の就職のイメージは1年生ではわからないと思います。企業人と交流し社会の一部を知っておく、できれば早い段階からインター

ンシップで就業体験をするなど、アルバイトとは違う専門性が高い正社員の仕事の世界を垣間見てもいいでしょう。東京や京都など大都市であれば、他大学の授業を履修できる大学もあります。

　究極的には、大学はどこでもいいのです。東大でも偏差値40の大学でも、経済学が学べることに違いはありません。受験の難易度で自分の実力を低く設定するのは学問からの逃避です。**大学の授業がつまらないなら自分で勉強すればいい**のです。**最終学歴ではなく、最新学習歴を更新し続ける**努力を怠らないでください。

 ## つまらない授業を面白くする秘策

　最後に、どんなつまらない授業でも面白くなる秘策を伝授しましょう。それは、**先生に質問をする**ことです。たとえば「どんな本を読めばいいですか」とたずねれば、先生は大喜びで教えてくれるでしょう。あなたが勉学意欲のある学生だからです。

　黙って授業を聴いてレポートを出して終わりではなく、「発達心理学」でも「マクロ経済学」でも、その分野の名著、入門書を先生に聞いて、自分で買って読んでみてください。授業の理解が深まるし、授業を提供する先生側の気持ちもわかるし、何より専門家である先生と話が合います。学問の基盤を共有できるからです。

　せっかく高い学費を払って授業を受けるのだから、元をとりましょう。多くの学生が楽に単位をとることを考える中で、あなたは一つひとつの科目を大事にし、深く学びましょう。

文系でも 数学や理科は必要なの？

 数学を使う側の人間になろう

　国や文部科学省は高校生のみなさんに高度で多様な学問の基礎を身につけてもらうべく、高大接続改革を進め、大学入学共通テストは7教科21科目を用意しています。みなさんも共通テストで6教科8科目が必要なことは知っているでしょう。でも、地元国立大学に入りたいからみんなが6教科8科目を頑張る地方高校と違い、首都圏や関西圏の東大・京大を目指さない私大中心の多くの高校の場合、2・3教科入試や、指定校推薦、総合型選抜といった、負担の軽い入試で大学に行く生徒が大多数です。国語や英語だけで文系学部に行く人が大半なのだから、国がしめすような理数系に強い人材など望むべくもありません。

　僕は、**世の中は数学（数字）ができる人が、数学（数字）のできない人を使ったり利用したりしている**と考えています。ですから、数学ができるに越したことはないのです。そうでなければ、数学ができる賢い人がつくった社会のしくみや娯楽に搾取されるだけで、一生搾取される側の人間になりかねません。スマホを見てください。数学や理科が強い人がつくったハードウェアやコンテンツばかりです。

　世の中のしくみ・構造を理解し、頭がいい人がつくったシステムに都合よく使われないため、自分の人生を自分のものとして動かしていくためには数学が必要です。ただし、高校までの数学や理学部数学科の数学でよい

成績をおさめろと全員に無理強いをするわけではありません（僕も受験数学は苦手でした）。

仕事で使う数字に強くなるために

では、私大文系の学生はどうすればいいのか？　数学に使われるのではなく使う側に行くことを意識してください。大多数の私大文系生は数学アレルギーです。でも、自分の人生で必要な数学にだけは、普段から親しんでおきましょう。

どんな業種・職種でも数字は使います。企業は売上を上げないといけませんし、成果は客観的・具体的なデータで示さなければなりません。勢いだけでお客様、取引先、上司や社長を説得することはできないのです。

高校数学は苦手な人も多いでしょうが、大学の数学は誰もが理学部数学科のレベルを求められるわけではありません。たとえば経済学、経営学、商学に必要な数学でいいのです。仕事で使える数学ができればいい。そう思えば、大学で学ぶ基礎的な数学も面白くなってきませんか？　心理学や社会学で使う統計も、その先に人の心や社会のしくみを知るヒントになると思えば、楽しく学べるはずです。

金融の知識も身につけましょう。車を買ったり家を建てたりするときは大金が必要です。どう稼ぐかだけではなく、どう上手に借りるか、返

数学（数字）をまったく使わない仕事は少ない

すかも数学です。自分が働きたい業種・職種はどうやって収益を上げているか、何が課題なのか、どんな問題があるのか。どうしたら賃金は上がるのか、社会は豊かになるのか。なぜ税金や社会保険料は上がるのか、なぜ物価が上がるのか。年金や老後のお金の問題は？

あなたが生きていく上で、数学（数字）から逃れることはできません。しかし、賢く数学（数字）とつき合えば、自分の人生も家計も豊かにしていくことができます。**数学を学ぶことは、生きることそのもの**なのです。興味があることだけでもいいので、数学とつき合ってみてください。大学の授業でなくても、自分で学べばいいことです。

 ## データサイエンス・AIについて

データサイエンス・AIの科目や実習がある大学が急速に増えています。今やほとんどの大学でデータサイエンスの基礎は学べるでしょう。これらも履修するか、あるいはぜひ自分で学んでみてください。

データを活用したビジネスは、あらゆる職業で必要です。確率統計、分析などと聞くと高校数学を思い出して虫唾（むしず）が走る人もいるでしょうが、これも高校までとは違います。YouTuberも視聴者のデータを分析して新しい動画をつくります。自分の興味関心のある分野、自分のしたい仕事の分野だけでいいので、データを駆使し、分析し、ビジネスにいかす。受験の世界でも、僕も小林先生もやっていることです。好きな仕事の役に立ち、成果につながるので、データサイエンスほどわくわくする学問はありません。

私大文系の人でも、面白く楽しく学んでおけば、数学嫌いといって逃げ回っているほかの学生、会社の同期とは、大きな差がつくでしょう。

情報・コンピュータサイエンスについて

情報・コンピュータサイエンスの基礎知識もあるに越したことはありません。パソコンとネット環境があれば、人工知能・ネットワーク技術・ソフトウェア開発・データベース・プログラミング・情報セキュリティなどは、文系志望の高校生でも興味をもてば独学で学べます。大学入学後は授業があれば履修してください。

サウンドやグラフィックに関心があれば、自分で動画やゲームがつくれる時代です。必ずしも情報系の大学である必要はありません。社会福祉でも経済でも政治学でも、「自分の専門分野×情報技術」といった学び方はできます。

文系大卒でもIT業界に就職する人が多い時代です。数学が嫌いなどと言って逃げずに、**自分の好奇心で貪欲に情報科学の知識を身につけ、既存の学問や自分のなりたい仕事と結びつけておきましょう。**

 ## 数学を武器にして人生を豊かに

日本を代表する大企業・有名企業や公務員に憧れる人は多いでしょう。しかし、そうした会社・仕事の多くは、あなた以外の他人が「儲けのしくみ」をつくっており、あなたはそのしくみの一部で、悪い言い方をすれば「部品」として組み込まれ、言われたことをやることで給料を得ています。気をつけないと、これは、自分の頭で考えない生き方になってしまいます。

起業しろとまでは言いませんが、起業家マインドはもってほしい。言われたことだけをやるのではなく、言われた以上のことをやり、**成長することに貪欲に取り組んでください。**そのとき、**数学、データサイエンス、情報が、あなたの強い武器になる**のです。

必要とされる人間になるために、大学時代にできることは？

他者とのコミュニケーション能力を鍛えよう

大学生の就職説明会などで、会社の偉い人が「人間力のある若手（学生）がほしい」と言っているのを聞きますが、このおじさんたちの言う「人間力」とは、「仕事で結果は出すが自分には従順で言うことを聞く部下」のことです。ウザいと思うかもしれませんが、あなたもまだ仕事で結果を出していない若者でしょうから、社会人として成長する上では、組織や社会の中でうまく立ち回る必要があります。人は社会的な動物であり、一人では生きられないからです。

こびへつらえ、ごまをすれ、長いものに巻かれろと言っているのではありません。それはそれで使えない人、仕事ができない人です。重要なのは、**自分を磨くのと同時に、他者との関係性を高めて、良質なコミュニケーションがとれること**です。

大学のような同質な学生と先生という狭いコミュニティーでは身につかない力があります。その力をつけるために、多様性を学び、ボランティア活動などへの参加、起業体験をおすすめします。大学の課外プログラムを利用してもよいし、自分で探して外部のプログラムに参加する方法もあります。

●多様性を学ぶ

かつての日本企業は、まるで学校のような同質の集団の社員で構成され

ていましたが、時代は変わりました。今はどんな人も多様性（ダイバーシティ）を理解する必要があります。性別、障がい、性的指向・性自認、国籍、ジェンダー、エスニシティ*、人種、信条、宗教など、自分とは異なる立場の人と一緒に仕事をしたり、交流したりする機会は増えていくでしょう。

その際に、偏見や差別意識をもつこともももたれることも避けたい。ぜひ大学時代に先述のテーマに関心をもち、本を読んだり、大学の課外プログラムに参加したり、イベントに行ったり、人に会ったりしてみるとよいでしょう。興味もないのに無理にかかわれとは言いません。しかし、**どんな人でも自分が生きていく上で多様性の問題に関心をもつ機会がある**と思います。そのときが学ぶべきときです。

●ボランティア活動・地域連携活動に参加する

多くの大学が、ボランティア活動の支援をしています。高校時代と違って時間がありますから、興味があれば参加してみてください。国内外、災害現場、医療や福祉など、いろいろな機会があるでしょう。そして**重要なことは、ただ経験するだけではなく、体験を言語化し、発信すること。自分の糧にしていくこと**です。

決して就職活動でPRするためではありません。自分をつくるためです。それが結果的に就職先の企業が求める力と合致するようなら、それもよいでしょう。

少子高齢化、人口減少、地方から都会への若者の流出などが進む中で、地域連携に積極的に取り組む大学も増えています。みなさんの中にも高校時代に、自分の住む町や地域の課題に取り組んだり、地域の行事に参加したりして地域連携活動をした人もいるでしょう。

高校までと違い、大学の場合は農学、工学、医学など専門性を重視した

より実践的な地域連携活動が増えてきます。文系学部でも、歴史、経済・経営、政治、社会といった学問専門性をいかした地域連携活動が盛んに行われています。大学生になったらぜひこうした活動にも参加してみましょう。

●起業家マインドを身につける

　起業に興味のある学生もいるでしょう。最近の大学はアントレプレナーシップ*の科目を設置したり、起業する学生のためのオフィスを設置したりするなど、学生の起業支援に力を入れています。実際に起業するのはハードルが高いですが、起業体験やそうした科目の履修、実習、ベンチャー企業へのインターンシップ、ビジネスコンテストへの出場などで、起業家マインドを身につけておくことは、どんな仕事にも役立ちます。

 ## 他者に貢献するために学ぼう

　大学生が多様性について学び、ボランティア、地域連携、起業といった活動に参加することには、どんな意義があるのでしょうか？　それは、あなたが**自分のためだけではなく、他者に貢献するために学ぶ意義を知ること**だと僕は思います。小学生が「サッカー選手になりたい」「お花屋さんになりたい」というのは、自分がやりたいことです。しかし、医師や看護師になりたい、教師になりたいという同級生は、「他者を救いたい」と言っていませんか？　**誰かの役に立つことは、自分の仕事にやりがいを生みます。**

　あなたは誰を救いたいですか？　今のあなたはまだ医師でも教師でもなく、誰かを救っている状態ではありません。プロスポーツ選手のようなわかりやすい働き方を選べない我々の多くは、誰に必要とされるのかを自分で探さないといけません。

　僕も必死に探しました。その結果、大学受験の世界で受験生に対して語っている人の多くは、東大、早慶、ハーバードといった一流大学、名門

大学卒の人たちであり、誰もがそういう大学には入れない以上、そうでは
ない進路の話ができる専門家が必要だろうと考え、この仕事を見つけました。

　多様性の学び、ボランティアなどの活動であなたが探すのは、自分を必
要としてくれる人、職場、自分の居場所です。それは黙っていても与えら
れません。**自分が何者かになるには、探して、動いて、人とかかわってい
く中で、身につけていくべき**なのです。

 ## 広い世界を見て、多様な経験をしよう

　冒頭の偉い人の話に戻りましょう。「人間力のある若手がほしい」。それ
は、権限のある年配の男性の自分中心のエゴではなく、実は会社や部署、
社会において、若者がうまく働くためのアドバイスかもしれません。クラ
スで、部活で、自分の思いどおりに事が進まないというトラブルが起きた
経験は、誰でもあるでしょう。いつかそれが会社内で、取引先と、お客様
と、患者さんや保護者と起こるときが来ます。そのときに、学生時代、多
様な経験をしてきたこと、誰かのために頑張ったこと、異なる立場の人と
トラブルを乗り越えて何かを成し遂げた経験がいきてくるのです。

　高校までのテストの点数をとる勉強の時代は終わります。これから進む
**大学は、学部・学科の専門科目だけを学ぶ場ではありません。社会の入り
口です。できる限り大学を飛び出して、広い世界を見て体験しましょう。**
トラブルもあるでしょう。でもその先には、誰かに必要とされる「なりた
い自分」がいるのです。

＊**エスニシティ**：血縁ないし先祖・言語・文化・宗教・生活習慣などに関して、主観
　的に共有・帰属するという意識をもつ集団。
＊**アントレプレナーシップ**：起業する人がもつ考え方や能力、リスクに立ち向かう精
　神・姿勢のこと。

無名大学の学生でも就活で逆転できるの？

 ## 自分に大学名以外の「付加価値」をつけるために

有名な大学じゃないから有名な会社に入れない、というわけではないことはここまでお話ししてきました。とはいえ、何もしなくてもいいというわけではありません。付加価値をつけましょう。新幹線や特急列車に「グリーン車」がありますよね。高い料金を払えば豪華なシートに座れます。実は大学にも「グリーン車」があるのです。ぜひこれに乗ってください。

●難関資格を取得する

たとえば、資格取得。司法試験、公認会計士試験、国家公務員採用総合職試験・一般職試験などの難関資格・試験に挑戦してもいいでしょう。決して受験コンプレックスから資格取得で逆転するということではなく、真剣にこれらの職業に就きたい人は目指してください。

各大学が資格試験講座や勉強会などを実施しており、自習室を完備している大学もあります。大学側が力を入れていなくても、資格予備校・塾に通う人もいます。地方国立大学では生協が主催して大学内で大手予備校の講座を実施し、高い成果をあげているところもあります。**講座に参加するメリットは、講座の内容だけでなく、よい仲間と出会い、競い合うことで合格を目指せることです。**

卒業生が多く活躍している大学も有利です。結局、仕事は個人一人でできるものではなく、人脈・ネットワークが重要ですから、国家資格に強い

大学は仕事の上でも有利になります。

●**海外留学に行く**

　大学が実施している海外留学や語学研修制度にも挑戦してみてください。大学に国際課、留学課という部署があるはずなので、その窓口に行って情報収集をしましょう。

　高校時代から関心があれば、海外留学制度が充実した大学選びをしてもいいでしょう。大学内でも留学生と交流する機会を多く設けている大学はありますし、多様な語学が習得できる大学もあります。日本にやってきた留学生と積極的に交流する大学内の団体もあります。大学の海外（国際）協定校も調べ、興味のある海外大学に留学できそうな日本の大学に行きましょう。

　ただ海外留学しただけでは就活時のネタにはなりません。**留学経験から何を得たか、学んだか、それが仕事でどう役に立つのかを説明できるようにしましょう。**

失敗をおそれず何にでも挑戦しよう！

　たとえ挑戦してうまくいかなかったとしても、難関資格取得に挑戦した経験は評価されるはずなので不利にはなりません。失敗をおそれず挑戦しましょう。何もしなかった学生よりも、**何かに挑戦し、たとえ失敗しても何らかの収穫や経験を得た学生は歓迎されます。**

　テーマ44で触れた多様性の学び、ボランティア、地域連携といった活動と組み合わせれば、自分だけの独自の経験ができ、人脈も広がっていくでしょう。興味がないこと、向いていないことまで無理にやる必要はありませんが、好奇心の赴くままに挑んでください。何もしていない学生とは本当に大きな差がつきます。

受け身から脱し、自ら動くイノベーターへ

　大学1年生の頃から、就職のことばかり考える必要はありません。大学生らしく楽しむことは大いにしてください。しかし同時に、**将来のことを常にどこかで考えてネタの貯金をしておいてほしい**のです。

　都会の大規模な大学では、キャンパスを歩けば、著名人の講演会や、参加者を募るイベントの案内がたくさん出ています。提供される授業だけではなく、新しい環境にも飛び込んでいってください。地方の大学、中小規模の大学であっても、ネット上でさまざまな出会いや交流が可能ですし、資格取得制度や海外留学制度が整った大学もあります。どんどん活用しましょう。

　志望校の大学案内を入手して、あるいは公式ホームページを見て、その大学・学部・学科の就職先を見てみましょう。例外はありますが、そこにあなたが将来入る会社があります。そうは言ってもどこの大学も大企業の名前ばかり掲載する傾向が強いので、必ず入れるという保証はありません。しかし、入れている先輩はいるわけですから、就職課（キャリアセンター）に行って情報を仕入れましょう。

　先輩の就活体験記を読み、就職課の職員に希望の会社にはどうやったら入れるかを聞いてみましょう。就活イベントにはどんどん足を運び、講師に直接話しかけたり手を挙げて質問したりして、**積極的に情報を集めて行動しましょう。**

　黙って講義に参加しているだけでは、就職活動で納得のいく結果はなかなか得られません。何もしなければ、人口減少する日本ではどんどんお客様が減り、多くの企業では給料が上がりません。物価と税金は上がります。あなたや僕はこのままではどんどん貧しくなっていくのです。

学校の先生に言われたことだけをする、会社の上司に言われた仕事だけをするという受動的な体質から脱却し、自ら仕事や産業をつくり出せるイノベーターになってください。そのためのヒントは大学にたくさん転がっています。あなたはそれに飛びつくのです。そしてつかんだチャンスをいかしてください。成果を出すまで手放してはいけません。

講義を聴いて、先生にどんどん質問しよう

グリーン車は普段の授業にもあります。みんなが講義を黙って聴いて帰る中でも、あなたは**どんどん先生に質問をしてください。**できれば先生と学問の話をしてください。**大学の先生から「知」を吸収する**のです。専門書も読みましょう。

文部科学省の方針では小学校から高校までの教育でアクティブな学びは身についているはずなのです。でも、実際には高学力層の生徒の多くは旧来型の受験戦争タイプの勉強を塾で熱心にやって、学力が高くない層の生徒は勉強しなくてもどこかの大学に入れるので、やはり能動的に学ばないまま大学生になっています。その結果、**自分で考え、行動し、問題を発見・解決できる経験を積んだ学生はごく少数**です。

あなたが学校でそういう経験を十分に積んでいれば大丈夫ですが（経験できる優れた学校ももちろんあります）、そうでない場合は意識的に自分で学んでください。幸いなことに、そのためのリソースは大学の内外に、そして社会にあふれています。自分がつくり出す側、売る側になるのです。その経験は就職する前でもできます。

文系大学生の有効な学び方を教えて！

 文系の大学生は本当に勉強しているの？

「大学に受かったら、もう高校みたいに勉強しなくていいんですよね？」とばかりに自学自習しなくなる文系大学生は多いです。しかし、親御さんの時代のように「大学はレジャーランド」と言う人はもう誰もいなくなりました。今の大学は勉強「させる」環境になってきています。

　一方で、世界的に見て日本の大学は卒業率が高く、海外大学のようにビシビシ落として中退させるほどの厳しさはありません。文系であれば卒業論文やゼミが必修でない大学も大規模大学を中心に多くあり、なんとなく勉強「したような」気になって3年生で就活に突入。これではいけません。**与えられたものをこなすだけでなく、自ら学ぶ必要があります。**

 学部別独学のススメ

●**文学部**

　文学、歴史、哲学、心理学など、文学部の学生の多くは、勉強したいことがしっかり決まっています。大学では自分の好きな学問分野を徹底して掘り下げることができますし、多くの学部ではゼミや卒論が必修であり、好きなだけ奥深くしっかり学べます。

　一方で「文学部だから就職先がない、世捨て人だ」みたいな偏見に悩まされることもあるでしょう。英語、国語、地歴公民の教職をとるとか、学

んだ内容が自分の将来の職業にどう関連するのかを真剣に考えた上で、所属の分野以外にもさまざまな学問に関心をもってしっかり学ぶとよいでしょう。

●経済学・経営学・商学・法学部

いわゆる社会科学系の学部で、国立大であれば少人数でみっちり勉強する環境もありますが、私大の多くは学生数が多すぎて教員は少なく、何もしなければ大人数講義だけで卒業しかねない「マスプロ学部」です。本来、経済学・経営学・商学は、しっかり学ぼうと思えばいくらでも深く学べる学問なので、興味をもって関連書籍を読みましょう。

3・4年生で専門ゼミに入ればさすがにしっかり勉強する環境もありますが、1・2年生のうちに大人数講義ばかりで面白い出会いが足りないと感じたら、積極的に先生に話しかけたり、ビジネスコンテスト、起業、法律研究、公務員試験勉強などの学生サークルに所属し、やる気のある仲間を得ましょう。

法学部でも公務員や法律関連職を目指さない人は、法律や政治の知識をどんな職業にいかしたいのかを真剣に考えてください。政治学を学んでいるのであれば、世界は課題が山積みですから興味の赴くままにいくらでも学べるでしょう。

●外国語学・国際系学部

高校で英語が得意な人が目指すことが多いですが、気をつけないと語学だけ、留学だけの大学生活になりがちで、就職先も小売やサービス業などに限定される傾向が強い学部です。思ったほど航空・ホテル・旅行業界には行かず、しかもこれら人気業界はコロナで打撃を受け、イメージとは裏腹に待遇面では以前から課題があります。

商社・IT・メーカーなど、世界で活躍する仕事は、商学部や経済学部

出身の人も強いです。留学したい、語学をいかせる仕事につきたい、あるいは国連やJICAで働きたい、世界で活躍したいという夢を語る高校生は多いですが、現実は大変厳しいです。イメージ先行の学部であり、実際にはどんな職業専門性を身につけたらいいか、自分は何者になればいいのかを、誰よりも真剣に考えないといけない分野だと自覚してください。

社会科学やビジネスに関する勉強は独学で補ったり、自然科学・ITなどの知識やスキルを身につけて、単なる「語学だけ人材」から脱しましょう。

 ## 一流大学・有名大学を見に行こう

文系の場合、学部・学科の教育・研究内容と、就職する業種・職種はあまり関係ないのが現実です。どちらかといえば、就職はいまだ大学名で決まる傾向も強い。そこで僕がおすすめしたいのは、ズバリ**自分の大学より上位の大学を見に行く**ことです。

僕は大学生の頃から大学見学マニアだったので、都内の多くの大学に行きましたが、特に早稲田、明治、法政などでは、就職課（キャリアセンター）の充実ぶりに驚きました。多くの有名大学は、ブランドに甘えず、学生を一流企業に就職させるために、イベントの実施やチャンスの提供をしていたのです。どうりで就職活動のとき、一流大学の学生の多くが自信にあふれているはずです。彼らは、大学名というブランドでプライドをもっているだけではなく、大学時代に価値のある活動に従事して自信をつけ、さらには大学が提供する就職支援プログラムも享受していたのです。

決して自分のいる大学を、卑下しないでください。でも、就活でライバルになるのは一流大学の学生。勝てないかもしれない。そこで、大学生のうちに、ほかの大学、有名大学を見に行くのです。そこの学生がどんな青春を送っているのか、大学側はどんな就職支援プログラムを提供している

のかを知れば、自分も作戦が立てられます。

　地方の学生も東京に行ってみて、都会の学生がどう動いているかを知るといいでしょう。留学や地域貢献活動と同じで、これも異文化体験です。自分とは異なる環境にいる人を知り、できれば交流することで、自分自身を見つめ直すのです。

 ## 自分は探すものではなく、自分自身でつくるもの

　大学生は気をつけないと行動範囲が家と大学とアルバイト先のトライアングルになりがちで視野が広がりません。そのまま就活に突入し、有名大生に蹴散らされ、「ウチの大学が無名だから」とへこむ学生も見ましたが、そうではありません。大学名ではなくあなた個人の問題です。**あなた個人が何者であるかが重要で、大学名は関係ありません。**

　スポーツなら試合に出れば自分の実力がわかります。自分には何が足りないのか、優れた選手は何をもっているのかがわかります。学問でも就活でもそういう他流試合のチャンスを自らつくり、どんどん自分を鍛え、成長させてください。

　僕は「自分探し」という言葉が好きではありません。**自分は探すものではなくつくるもの。**積み木やブロックのように経験を積み上げていき、何者かになるのです。

　好きなこと、やりたいこと、得意なことがなくて悩んでいる人もいるでしょう。このまま先送りしていると就職活動で詰みます。目標を設定し、その実現のために計画的に行動できる人には勝てないのです。目標が見つからないのなら、目標を見つけた人に会いに行きましょう。そのためには、**自分の中の眠っている行動力や好奇心をたたき起こし、面倒くさがらず家から街へ飛び出さないといけません。**

リベンジとしての 大学受験って可能なの？

受験競争が子どもの才能をつぶしている？

　僕は仕事柄、大学受験だけでなく、中学受験や高校受験の情報も目にします。全国に大学受験の講演に出かければ、駅前の塾に貼り出された、有名中学・高校の合格実績を目にして、その地域の受験事情を知る機会も少なくありません。

　先の見えない世の中で、子どもを少しでもいい中学、高校に入れようと、

◎ ノーベル賞受賞者の出身高校一覧

◇洛北（京都）	◇富山中部（富山）	◇大阪教育大学附属天王寺（大阪）	
◆同志社（京都）	◇向陽（愛知市）	◇甲南（鹿児島）	◇宇部（山口）
◇今宮（大阪）	◇藤島（福井）	◇浜松西（静岡）	◇北野（大阪）
◇日比谷（東京）	◇明和（愛知）	◇大洲（愛媛）	◇三島（愛媛）
◇飛騨高山（岐阜）	◇諫早（長崎）	◇韮崎（山梨）	◇茨木（大阪）
◆灘（兵庫）	◇苫小牧東（北海道）	◇川越（埼玉）	◇山口（山口）
◇横須賀（神奈川）	◇湘南（神奈川）	◇福岡（福岡）	◇松山東（愛媛）

＊府立洛北（京都）は 2 名、それ以外はすべて 1 名ずつ。
◇公立・国立
◆私立

> ノーベル賞は地方公立高校がほとんど！

首都圏の親御さんはヒートアップしています。全国で私立中学に通う中学生はわずか8％です（2022年調査）が、東京都では中学受験進学率が25.6％にも達しています。

しかし、東京、神奈川、埼玉、千葉の首都圏一都三県の私立中学高校から、ノーベル賞受賞者は一人も出ていません。関西では同志社と灘だけです。多くが地方公立高校出身者なのです。都会の過剰な受験熱は、豊かな子どもの才能をつぶしているのではないかと僕は疑っています。

 ## 学力競争が格差を助長する一因に？

中学受験する子は全国的には少数派ですが、高校受験は中学受験組を除いてほとんどの中学生は逃れられません。

中学校である程度勉強ができれば、可能な限り各地域で名門とされる高校に入りたいと思うのは当然です。こうして、おそらく多くの人は、いわゆるトップ高校ではない学校に進学します。

なまじ勉強ができるばかりに多くの中高生が、「もっと上の学校に行きたかった」と思いながら不本意な青春を過ごしている可能性は否定できません。

もちろん中には楽しく充実した学校生活を送っている人もいるでしょうが、高校が学力による選別装置になり、格差を拡大・助長し、生涯を決定づけてしまう一因になっていることは、大阪大学人間科学研究科の吉川徹先生が著書『学歴分断社会』（筑摩書房刊）で指摘しています。

でもそれは全国の高校生のうち、大学に進学する、ストレートに言ってしまえば「上半分」の世界です。なまじ学力があるばかりに、学力競争に参加してしまい、挫折を経験してしまうのです。

高校受験のリベンジとしての大学受験

　僕は医学部や東大・京大のような名門校に進む生徒ではなく、膨大な「中間層」に注目しています。この層は何もしなければそのまま中堅大学に行くことになりますが、大学受験では、中学受験・高校受験のリベンジができるのです。

　新しい時代の大学受験の逆転技とは、従来型の**「出された問題を解く点数競争」**ではなく、**「自分の才能をPRして受かる大学受験」**です。

　たとえば早慶、上智、GMARCH、関関同立といったトップ私大の、総合型選抜や学校推薦型選抜を狙ってください。点数の競争ではなく、書類選考、面接、小論文などで受験でき、高校の名前も偏差値も模試の結果も関係がありません。ただし、PRできるだけの学問や研究、探究学習などの特筆すべき実績は高校時代につくっておく必要があります。

　すでに私立大学入学者の6割が推薦入試となっていて、国公立大学も、国立大の2割、公立大の3割近くの定員が総合型・学校推薦型選抜です。東大の推薦などは、求められる水準が極めて高く、しかも共通テストも課されるため、合格者の多くが有名高校なのは事実ですが、**自分個人に実績があれば、大学受験で逆転できる**時代になっています。中学受験・高校受験の結果や学校名はどうでもよくなりつつあります。

個人の実績が勝負の受験方式を狙おう！　高校がどこかは関係ない

興味のあることを学ぶ好奇心と努力が最強！

　親や先生に押しつけられる勉強ではなく、自分が興味関心のあることを自由に学んでいけば、個性を能力に変えて実績をつくり、総合型選抜や学校推薦型選抜で名門国公立、難関私大に行くことは十分に可能です。中学・高校受験で挫折を経験したとしても、**自分にやりたいことがあれば未来は変えられます**。

　学校よりも個人の嗜好のほうが大切なのです。しょせん学校の授業は、あなた向けにカスタマイズされているわけではありません。自分で興味のあることを学ぶ以上に強いものはありません。研究者になるにも、芸術家になるにも、起業家になるにも**必須の力は、あなたの好奇心と努力**です。

　ただ、探究学習や課外活動を頑張って特定の学部・学科に入っても、やりたいことは変わる場合があることも忘れないでください。日本の大学は学部を決めて入学するスタイルが主流です。高校までの探究学習を頑張りすぎて、大学でもその学部・学科に入ってしまい、逆に大学入学後に幅広い学びに触れず自分の選択肢を狭めてしまうような結果にならないように注意が必要です。

　大学や学部・学科を途中で変えるのは、今の日本の大学では非常にハードルが高いです。総合大学なのに他学部の科目履修、ゼミ所属ができない大学もまだまだ多くあります。その場合は**大学のみを頼りすぎず、関心をもった学問を自学自習する気概が必要**です。大学院からは専門分野を変えることもできます。

　自分にとっての最適解を求めて探す努力を続けてください。

大学選びよりも大事なことって何？

 「自分の道」を見つけることが大事

　一般選抜が49.7％の少数派になった今（2022年度）、「すべての受験生が、少しでも上の大学を目指す」ということはなく、中堅高校の生徒の多くは「秋の推薦で、絶対に落とされない大学を、1校だけ受ける」のが主流になっています。

　18歳人口が107万人（2024年度入試）で大学志願率が約60％なのに大学の入学定員は63万人もあり、どこでもいいならどこかの大学には入れるのです。よほど授業についていけないレベルだと判断されない限り、学生が集まらなくて苦労している大学に落とされることはありません。

　難関大学を目指す人を除けば今は大学入試は難しくないのです。有名大学を目指して努力している高校生は少数派で、大多数はなんとなく大学に行けてしまうのです。こういう時代では、**大学を選ぶことより、自分は何になりたいのかが大事**になってきます。

　文系卒業生の多くは、国家資格や免許が必要な仕事でなければ、総合職としてどんな会社にも入れるのです。しかし大学時代に職業専門性を高める機会は多くありません。大学側が用意していない場合がほとんどだからです。だから、**学生時代に自分で考え、行動しないといけません。**

　与えられた授業だけをこなし、言われたことをやるだけのアルバイトでは、自分が何になりたいかは見つかりません。

　社会に必要とされるためにも、自分が何になりたいのかを真剣に考えましょう。医師、消防官、教師など、イメージがわきやすい職業もあるでしょう。あなたは空を飛んでいる飛行機です。いつかはどこかの空港に着陸しないといけません。電車や自動車と違い、迷っても同じ場所にじっととどまり続けることはできません。**時間という燃料が尽きる前に、いつかは「自分の道」を決断しないといけない**のです。

 ## 「入れそうな大学」でいいの？

　やりたいことのできる大学を選ぶか、とりあえず大学に行ってから考えるか、どっちがいいのでしょうか？

　職業専門性が高い分野なら、高校生の段階でそうした学部・学科を選択しなければいけませんが、多くの文系大学生は文学・経済・経営・法・国際・社会といった人文社会科学系の学部を漠然と選んで進学しています。

　大学の名前やブランドでなんとなく選び、なんとなく一般選抜で受験して、第1志望に落ちてたどり着いた人。あるいは、高校生の早いうちにオープンキャンパスで大学見学をして、大学案内やホームページで教育内容を調べ、なんとなく気に入って書類選考や面接中心の総合型選抜や学校推薦型選抜、指定校推薦で大学に入った人。テストの点数ではなく、推薦で入る人の多くも、明確な目標や志望があるというよりは、そういうポーズをとって「入れそうな大学」に入る人がたくさんいます。入れそうな高校を選んだのと同じです。

　これでは問題を先送りしたにすぎません。大学でやりたいことが見つかればいいですが、そうでないとなんとなく就活に突入してしまいます。希望の業種や職種を明確に定めて、計画的に頑張って有意義な学生生活を送ってきた学生にはかないません。問題の先送りは解決にならないとわ

かっているのに変われない場合が多いのですが、少なくとも本書を読んでいるあなたには決断して進んでいってほしいと僕は思います。

高校時代に「やりたいこと」が見つからず問題を先送りして大学に行ったとしても、もう先送りをしてはいけません。就職するまでになんとかして自分で問題解決をする意思をもち、取り組んでください。何でもやってみるしかないのです。

 ## 大学時代の生き方が、将来を左右する

起業家でも学者でもスポーツ選手でもインフルエンサーでも、生まれつきその職業だった人はいません。**自分が何者なのかを考え、得手不得手を知り、何かの才能を開花させていく。**その努力を、自分は凡人だと自覚する多くの人も意識し、行動すべきなのです。

低成長時代には、会社で社長や上司の言うことを黙って聞いて命令どおり動くだけでは永遠に賃金は上がりません。**本来自分の頭で考えてサバイブしていくべきであり、会社に自分の人生を預けてはいけない**のです。幸い、医療系や理工系と違って比較的暇な文系の学生こそ、自分で考えて行動する「起業家マインド」を磨きやすい環境にあります。

高校生までと違って、大学生は自由です。制服を着なくていいし、髪を染めてもいいし、ピアスをしてもいいし、毎朝決まった時間に学校に行くこともない。それは怠惰が許されているのではなく、**自ら能動的、主体的に学んでどこかにたどり着くことを課された厳しい時間**であることを自覚してください。自由には重い責任が伴います。そしてその自由は大学時代だけの期限つきで、いつかは終わってしまいます。

会社員や公務員だけでなく、ラフなスタイルで働いているようなフリーランスや起業家でも、厳しい生存競争にさらされています。**大学時代にい**

かに自分で動けたかが、その後の人生を左右するのです。若い時代に、自分の人生の方向性を真剣に考えることが大切です。

 ## 大学時代にしかできない経験をたくさんしよう！

　大学の教職員の方にお話を伺うと、就職活動ではじめて人生の壁にぶつかり、それを乗り越えることで成長して社会人になれる学生も多いと聞きますが、それでは大学教育の意義はなんだったのだろうと僕は思います。

　不思議なもので、社会人になって何年も経つと、大学での教養教育や、ゼミで議論や発表をしたこと、卒業論文を書いたこと、課外活動、好きな本を読んだこと、旅行に行ったこと、恋愛など、公私のさまざまな経験がどこかでよみがえってきて、自分の糧になっていることに気づきます。**あなたには、悔いのない大学生活を精一杯送ってほしい**と思います。

　スマホで無料で提供される娯楽ばかりに時間を使わず、自分で動いて自分だけのコンテンツを積み上げていく。できればそれをアウトプットする。人間は自らの行動で変わることができる。それは中学から高校に行って感じている人も多いことでしょう。

　若いみなさんにはまだまだ変われるチャンスが山のようにあります。何もしなくても30代、40代にはなれますが、何も成し遂げなかった後悔は取り返しがつきません。30代、40代になってから、10代には戻れないのです。今しかできないことに取り組んでください。

大学以降の人間関係の築き方を教えて！

 大学生活に不適応になってしまうのはなぜ？

大学を中退する人は年間6万3,000人もいます（2022年度・文部科学省調査）。理由は「転学など（17.8％）」が最も多く、次に「学生生活不適応・修学意欲低下（16.8％）」が続きます。経済的事情を理由に中退する人が多いわけではないということがわかります。

もっといい大学に行きたいための「仮面浪人」だったと推測される「転学」は仕方がないとして、「学生生活不適応・修学意欲低下」は好ましくありません。大学中退は高卒よりも就職の扱いが悪くなり、納得のいく仕事に就けないリスクが高まりますので、できれば避けた方がよいでしょう。

なぜ、大学生活に不適応が起きるのかを考えてみましょう。それは、**高校までとは学校のあり方が大きく変わる**からです。

高校では自分のクラスには自分の机がありましたが、大学にはありません。大学でも初年次ゼミといって、1年生のときは必修科目の授業を高校のような少人数クラスで受ける大学もありますが、多くはクラスメートには週に1、2回しか会わず、それも半年から1年で終わりますので、**高校のクラスのように親しい人間関係をつくるのが難しい**環境です。「居場所がない」と感じてしまうこともあるでしょう。

大学での人間関係は、自分でつくっていこう

　高校までは、クラスや部活など、学校が人間関係をつくるきっかけを用意してくれましたが、大学では自分でつくる必要があります。すんなり適応できる人もいれば、適応できない人もいます。

　しかも、近年は大学での人間関係が希薄になる傾向が強まっています。理由は2つあります。まず、コロナです。コロナでオンライン授業が中心になり、課外活動が衰退してしまい、コロナ後も元どおりには復活していません。大学は授業を聴くだけの場になってしまい、人間形成の場として豊かな経験を積める課外活動の機会が大幅に失われてしまいました。

　もう一つが、キャンパスの都心回帰です。かつて広いキャンパスを求め郊外へ出ていった大学が、学生に不人気なことを理由に都心に戻ってきました。駅前のビルのキャンパスは交通は便利ですが、体育館やサークル部室といった課外活動の設備のない貧弱なキャンパスばかりで、学生がレクリエーションできる雰囲気が激減し、授業を聴いて帰宅するだけの大学になってしまったのです。

　コロナや経済的事情もあり、わざわざ遠い地方の大学に下宿する学生は減り、家から通える大学を選ぶ傾向が強まりました。都会の私大は地元出身者ばかりになり、もはや早慶でも約7割が関東出身です。人間関係は高校のときとあまり変わらず、家庭の比重が高くなりました。

　しかも、大規模私大も内部進学や指定校推薦を強化していますから、首都圏や関西圏では同じ附属高校や有名私立高校からの出身者が大学入学前からすでに人間関係をつくっており、部外者が入りにくい雰囲気が生まれ、人間関係が固定化してきています。

自分から積極的に人間関係をつくろう

とはいえ家から通える地元大でも人間関係はリセットされ、高校時代の友人とずっと一緒に過ごすというわけにもいかなくなってきます。ここで高校までの人間関係からうまく大学での新たな人間関係が築けないと、孤独感も募ってしまい、大学生活不適応→修学意欲低下→中退になりかねません。

こうならないためにはまず、**半ば強引にでも、自分から積極的に人間関係をつくる**ことが重要です。怪しい宗教団体などが関与していないか注意する必要はありますが、趣味やスポーツなどの課外活動（サークル）にとりあえず顔を出し、授業以外の人間関係をつくってみてください。少人数の授業ならできるだけ多くの人に話しかけたり、先生を巻き込んで一緒に何かをやってみたり、一人で座っている人にもそっと声をかけてみましょう。

少しでも興味のあるイベントが参加者を募集していたら、とりあえず行ってみましょう。高校までのクラスと違い、人間関係や活動が嫌になれば、参加をやめるという選択ができるのは大学のメリットです。**重く考えすぎず、気軽に足を運んでみましょう。**

他者に貢献して、自分の居場所をつくろう

自分は人づき合いが苦手だ、コミュニケーションが不得意だ、陰キャだと嘆く人も多いですが、あえて厳しいことを言うと、高校まではあなたにはそれが許され、甘やかされた環境にいたのです。一人で静かにしていても教室に居場所がありましたが、大学は違います。

高校が地面の上だとすると、大学は水面上です。自分で船をつくらないと沈んでしまいます。自分の立ち位置を確保し、**自分で居場所をつくる努**

力が必要なのです。

　居場所をつくるには、他者とかかわり、お互いに認め合わなくてはなりません。そのためには、利他（りた）の精神をもつことです。**他者に貢献すること、他者のために動くことが、あなたの存在の証明**につながります。今までは他者のために何かをする機会はあまりなく、自分中心だったかもしれませんが、大学生になったら変わってください。

　自分のやりたいことを探すのはもちろんＯＫです。それに加え、自分から動いて他者に貢献することで、あなたの居場所を確保するのです。誰かとの豊かな人間関係が構築できれば、大学をやめたくなったとき、その誰かが支えてくれます。あるいは、弱っている友人を、あなたが支えてあげることもできるのです。他者の不本意な中退を止めるのです。そしてそれが、自分を救うことにもつながるでしょう。

　大学生活の人格形成の多くの部分は、授業「外」で培われることも多いです。その文化が大学から失われつつあるのは大きな損失で、キャンパスライフを送る「大学生」が消え、みなが「就活予備校生」と化していくのは、若者にとっても大きな損失です。

　人間関係で嫌なこともいろいろあるでしょうが、積極的に他者とかかわるようにしてください。嫌だからといって避けていてはいつまで経っても人間関係の悩みは解決できないし成長もできません。逃げずに立ち向かい、問題を解決するために努力をすること。その経験は、今後の人生でさらなる大きな壁にぶつかったとき、必ずあなたを助けてくれます。

　社会人になれば、もっとさまざまな人とかかわることになります。会社に入れば親ほど年の離れた上司もいれば、生意気な後輩もいるでしょう。気の合わない同僚とも一緒に協力して仕事をしなければいけないケースもあります。**大学時代に人間関係の築き方を身をもって学んでおくべきです。**

将来成功するためには、どんな大学時代を過ごせばいいの？

夢中になれることに没頭できるのは、大学生の特権

　高校までの人生は多くの人にとって、「与えられたものをこなす」生活だったはずです。家族の庇護（ひご）のもと、多くの人は自分で稼がずとも、勉強だけしていればよかった。あるいは、熱心に部活をしていれば賞賛されました。

　これが大学になると、事情が変わってきます。たしかに大学は勉強する機会を与えてはくれますが、多くの学生は生活のためにアルバイトをしますし、自由な時間も増えます。この自由は、大学生にとって解放的である反面、重荷や負担でもあります。すなわち、やりたいことがない人には、苦痛にもなりうる自由時間なのです。

　全部の時間を授業やアルバイトで埋めてしまう人もいますが、僕はおすすめしません。好きな趣味に没頭したり、旅行や留学をしたり、**すぐに有益にはならないことでも、熱中して夢中になれる時間をもてるのは大学生の特権**です。ですから、目的もなく資格取得の勉強ばかりしたり、就職活動の心配ばかりして、時間を埋め尽くしてしまうのは、もったいないと考えます。

　人生は有限です。平均寿命が80歳を超えているといっても、80歳まで必ず元気で好きなことができるかはわかりません。はっきり言って40代にもなれば肉体的、精神的に衰えてきます。10代、20代は人生で1回し

かなく、一瞬で過ぎ去るのです。しかもそのときに、進学、就職、結婚、転職、出産といった人生の大きな選択が待っています。80〜90年という人生の時間の価値は均等ではなく、**若いみなさんにとって時間は本当に貴重**なのです。

 ## つまらない世の中なら、自分で面白くする

そんな一度しかない若い時代を、与えられた勉強、与えられた仕事だけで終わらせていいのでしょうか。受動的な生き方に何か釈然としないものを感じているからこそ、今ここであなたは本書を手にとっているのでしょう？

つまらない世の中なら、自分で面白くする。それをあなたもぜひ自分からやってみませんか？

大学の教授はよく**「大学は自分で勉強する場」**と言いますが、多くの人がその真意に気づかないで卒業しています。「大学も高校と同じで、与えられた勉強をこなす場」という認識のまま、社会に出てしまうのです。授業を聴いて、ゼミに出て、卒業論文を書く。理系であれば実験や研究をする。医療系であれば資格取得を目指して学ぶ。たしかに、高校に比べればはるかに高度な学習で、能動的に学んでいるような気がしますが、まだそれも大学や教授の手のひらの上で踊らされているにすぎません。**大事なことは、自分の研究テーマを見つけること**です。教授はそれができたから研究者になり、今も研究し続けているのです。

スポーツ選手、芸能人、クリエイター、エンジニア、起業家、政治家、歴史上の偉人などは「一生のテーマ」を見つけることができた人と言えるでしょう。あなたもそれを探してください。有名になるとかお金持ちになるとかが目標ではありません。**自分の人生を充実させて、楽しく生きる。**

できれば、それによって他者をも幸福にできる。それを探してください。

限界まで努力したことがありますか？

どんなに熱中する趣味も、一生楽しめるわけではなく、いつかは飽きてくることが多いものです。それは、コンテンツが与えられるものばかりだからです。ゲームクリエイターやアニメーターやイラストレーターや小説家や歌手を目指しているのなら、与えられる娯楽で満足できなくなってくるのではないでしょうか。自分でつくってください。家にパソコンとネット環境さえあれば何でもできる時代です。口先だけで動かない高校生を山のように見てきましたが、そういう人はずっと他人がつくったコンテンツに課金して生きていけばいい。ほとんどの人はそうかもしれない。でも、あなたは違うのでしょう？

よく「若いうちにもっと勉強すればよかった」と後悔する大人がいます。一方で、若いうちに本気で勉強して悔いがない人、何かを実現した人は、「もっと勉強すればよかった」とは言いません。限界まで勉強したからです。

受験勉強でも大学の学問でも「自分の限界を突破するまで努力した」と言えるような経験を若いうちにしないのは、もったいないと僕は思います。**まだ限界まで引き出した経験もないのに、自分には才能がないと思い込んでいませんか？**

成功したスポーツ選手やクリエイターはその壁を努力で突破しているのです。あなたにもできます。これは勉強だけではなく、趣味でも好きな仕事でも同じです。挑戦してください。

成功する人は、基本ができた上で努力もしている

ところが、人は驚くほどなまけます。やればいい努力をしません。あな

たの周りにも、ちゃんと提出期限までにレポートを出さない人、課題をこなさない人がいると思います。一方で、成功する人は基本ができている。やらない人はそもそも成功したいとも思わないのでしょう。

でも、なまけたりサボったりすることで、自分の可能性を閉ざしてしまうのはあまりに惜しい。限界まで挑戦するべきなのです。負けるのが嫌だから試合に出ない人はいないでしょう？　どんなにいい高校、いい大学、そしていい会社にいようが、周囲には、人生でベストを尽くしていない人が存在します。あなたは、ベストを尽くしてください。

天才とは、もって生まれた能力でしょうか？　そういう人もいるでしょう。しかし我々の多くはそうではありません。生まれつき料理人だった人はいません。**学生時代に、さらには社会に出て学びながら、何歳になっても、努力次第で人は変わることができる**のです。

 ## 人生が続く限り、挑戦し続けよう！

できれば、**若いうちからベストを尽くす体験をして、自分を磨き続けてほしい**のです。少子化で20年後には、どんな有名な大学でもわりと簡単に入れる時代がやってくるでしょう。大学や会社の名前ではなく、最後は自分自身の考え方、生き方にすべて返ってくるはずです。自分が何を成したかが重要なのです。

そして**生涯、興味関心をもって次々に新しいことに挑戦しましょう**。最終学歴の自慢合戦ではなく、今、自分がどんなことに興味をもって取り組んでいるのか、楽しく面白おかしく生きているのか、学ぶことの喜びや価値を周囲に伝えていきましょう。

最新学習歴の更新を続け、人生の終わりまで新しいことや面白いことを追い続けるのです。

すべての日本の大学を訪れてわかったこと

僕はただの大学見学マニアです

「なんで日本の大学全部に行ったんですか？」と、よく聞かれます。世の中には、日本の全部の駅で降りた人とか、日本の全部の温泉に入った人とかいますよね。あと、神社やお寺をたくさんめぐるのが好きな人も多いでしょう。僕がやったことは独創的でも奇妙でもなく、単なる普通のちょっと旅行が好きな人ぐらいのものです。自分では珍しい趣味だとは思いません。単なる大学見学マニアなだけです。

　僕も大学1年生、18歳の、好奇心が強い若者でした。自分が入学した東洋大学以外にも、東京にはたくさんの大学がありました。最初に行ったのは学習院大学です。大都会の目白の、山手線の内側にありながら、緑にあふれ、馬が闊歩している。自分の大学との違いに驚かされました。

　東大にも行きました。学園祭で東大生と話してみると、ユニークな活動をしている面白い東大生がいっぱいいたのです。

「頭がいいやつは、嫌な性格に違いない」と思っていた自分が恥ずかしくなりました。早稲田、慶應義塾、明治などにも、面白い学生がいっぱいいました。

その後は工業大、農業大、医大、美術大にも行きました。高度な専門性を身につけている学生たちは、遊んでいる文系学生（僕が大学生だった1990年代後半の話です）と比べて、魅力的な面白い学生がいっぱいいました。東京以外にも興味がわいて、北海道から沖縄まで行きました。海外は14か国3地域100大学に行きました。

そして僕は気づいたのです。多くの受験生は「自分が入れそうな大学」ばかりを選んでいると。それではダメなんですね。「入れそうな大学」ではなく「入りたい大学」を探せば、世の中には面白い大学がいっぱいある。「自分の知っている狭い世界だけで選択をするのは、つまらないことだ」と。

300大学を訪問後、経験をアウトプット

それで、大学卒業までの4年間ですでに300大学ぐらいに行ったのですが、それを本にして出版したり、ブログの記事を書いていたんですね。今だったらYouTuberになっていたでしょうが。そのうち、教育関係の作家さんや出版社にツテができて、執筆の仕事を手伝わせてもらえるようになりました。

出版社の人たちと飲んだり話したりするのは、プロの世界を垣間見たようで実に面白い。しかし2000年の求人倍率0.99の就職氷河期世代だった僕は、マスコミや出版社に本気で入りたかったわけでもなく、どちらかといえばいつまでも学生気分で遊んでいたかったので、まじめに就職活動をやったとは言えず、不本意な結果にならざるを得ませんでした。

出版社の社員を経験してから、フリーランスになる

　故郷の岐阜県に帰って地元中小企業で働いていたのですが、「これは自分のあるべき姿ではない」という思いがどんどん強くなりすぐに会社を辞め、仕事も決まっていないのに東京に舞い戻り、「2ちゃんねる」で情報を見つけた大手出版社の関連会社の編集プロダクションに拾われました。出版業界が冷え込んだ今なら無理でしょう。そして3年半ほど出版のイロハをたたき込まれましたが、当時も一貫して大学めぐりは続けていたので、受験業界に強い別の出版社からご縁をいただいて転職しました。

　2社目の出版社では4年半働きましたが、編集者はいくら本が売れても莫大な印税が入るわけではないし有名になるわけでもありません。自分で作家になろうと独立しました。当時のライターは書籍や週刊誌の記事などで十分稼げたのです。これも今では難しいでしょう。

教育ライターから教育コンサルタント業・YouTuberへ

　やがて、教育・受験関係のライターから、大学・学校経営のコンサルタントとして法人化し、自分の会社をもつようになりました。スマホの普及で次第にライター業だけでは苦しくなってきたことも事実です。教育コンサルタント業に加え、高校や大学での講演の仕事も多くなりました。

　高校で受験生に大学の選び方の講演をするのは充実した仕事でしたが、高校生から見て僕は有名人でも何でもありません。好きな芸能人のコンサートに行くのと違い、体育館でつまらない大学受験の話を聴かされるだけ……。

　これではいけないと思い、「僕が有名人なら、高校生も喜んで聴いてくれるだろう」とYouTubeに進出し、チャンネルは登録者4万5,000人、

2,100万回再生まで成長しました。

　最近は高校の先生が生徒さんに、予習として僕のYouTubeをすすめて
くれることもあるので、高校で講演しても、事前に生徒さんが僕を知って
くれていて講演を楽しんでくれる状況が実現しつつあります。

一緒に世の中を明るく面白く、楽しくしていこう！

　このように僕自身、大学を出てずっと同じ会社にいたわけではありませ
ん。会社は3つ、その後は作家業、コンサルティング業、YouTuberと副
業が増えてきました。**時代の変化に対応するだけではなく、好奇心の赴**
くまま、新しいことにどんどんチャレンジして、現在に至ります。

　また新しいデジタルツールが登場して世の中が変われば、僕もそれに合
わせて変わっていくでしょう。自分はどんどん年をとっていくし、いつか
イケメンのVTuberに交代しようかとも真剣に考えています（笑）。

　僕の生き方は特殊なので参考にならないしマネしなくて結構です。ただ、
好奇心があれば、興味関心のままに変わり続け、充実した人生を送ること
は可能であることの、一つの事例にはなるでしょう。

　大学を卒業して同じ会社に定年までいる人ばかりではない時代です。何
回転職しようが、**自分の軸がブレていなければ、あなたはあなたらしく生**
きられるし、一生自分の好きなことをやって楽しく過ごせる。それを自分
自身でつくり上げていってほしい。僕もまだ人生はあと半分ぐらいありま
すから、さらに新しい自分を発見し、世の中を面白くすることに貢献して
いきたいと思います。

　日本も世界も暗いニュースが多いですが、頑張って世の中を明るく面白
く楽しくしている人もたくさんいます。あなたも僕もその一員になって、
一緒に世界を変えていきましょう！

大学を卒業してからの生き方
—— 成功という結果を出すためには、再現できるプロセスが大事 ——

　みなさんの中には大学合格という結果を出そうと勉強を頑張っている人が多いと思います。もちろん、第1志望の大学に合格する人もいればそうでない人もいるでしょう。ただ、精一杯頑張ったのなら、たとえ結果が自分の望んだものでなかったとしても落ち込む必要はありません。なぜなら、私がいちばん大事だと思うのは、**結果ではなくプロセス**だからです。

　大学受験の合否は高校生のみなさんにとっての重要事項です。また、数年後に訪れる**就職活動の結果もその後の人生に大きな影響を与えます**。しかし、長い人生から見るとそれらはほんの数年間の出来事にすぎません。うまくいかなかったとしても、いくらでも挽回できるのです。

　たとえば、自分は英語が苦手だからほかの人よりたくさん勉強しよう、自分は難関大学に入れなかったからほかの人より早く就活対策を始めようと考え、実行したとします。**その結果はどうであれ、頑張った経験はその後の大学生活や社会人になってからの人生にいきてきます。必死になって物事に取り組んだプロセスを再現して、別のことに応用することができるからです。**

　そして、今後の人生において努力するプロセスを再現し、成功をおさめるには計画も大事です。**ゴールから逆算していつから始めるのか、日々何にどのくらい取り組むのかを計画し、それに沿ってコツコツ実行していく力が必要**です。場当たり的に物事を進めていては、つまずいたときに振り返って見直すことはできません。仮にうまくいったとしても次もまた成功する保証はありません。プロセスの再現性がないからです。

今、時代はすごい速さで流れています。インターネットやスマートフォンが普及し、情報が伝わるスピードが格段に速くなっています。それとともに私たち人間の活動ペースも速くなっています。

　昔は、ニュースを聞いたり新聞を読んだりして、前日の出来事や事件を知りました。今は何か起きると30分か1時間後にはネット上にニュースが流れ、瞬く間に知れわたります。仕事に影響のある出来事があれば、翌日や翌週ではなく、今すぐ手を打たなくてはならない時代になってきています。

　社会人になると、ますますスピード感をもって対応し、素早く結果を出すことが求められます。**ゴールから逆算する力を鍛え、経験を蓄積しておけば、スピードアップも期待できます。**

　若いみなさんには今後長い人生につながるような力を、**大学受験や就職活動を通して身につけていってほしい**と思っています。

　この本が、少しでもみなさんの役に立てばこの上ない幸せです。

小林　尚
こばやし　しょう

山内　太地（やまうち　たいじ）
1978年岐阜県生まれ。東洋大学社会学部卒業。教育ジャーナリスト・学校経営コンサルタント・教育系YouTuber。理想の大学教育を求め、日本全国約800大学をすべて訪問。海外は14か国3地域約100大学を取材した「大学マニア」。大学・高校の経営コンサルティング業も行い、全国の高校で年間約150回の進路講演を実施。YouTubeチャンネルの総再生数は2,100万回を超える。主な著書に『偏差値45からの大学の選び方』（ちくまプリマー新書）など多数。

小林　尚（こばやし　しょう）
1989年埼玉県生まれ。個別指導塾CASTDICE塾長。先取り・演習量を重視した独自の指導法で受験生をサポートしている。高校受験で開成高等学校に入学し、東京大学文科一類に現役合格。卒業後、経営コンサルティング会社の戦略部門を経て、株式会社キャストダイスを設立。得意領域は教育×コンサルティング。YouTubeチャンネル「CASTDICE TV」では、受験情報にとどまらず職業・進路情報を高頻度で発信。著書に『開成・東大卒が教える　大学受験「情報戦」を制して合格する勉強法』（KADOKAWA）がある。

倉田　けい（くらた　けい）
関東在住のイラストレーター・漫画家で、二児の母。SNSで子どもの成長記録を漫画にして投稿すると、乳幼児の可愛らしい仕草や行動の描写、成長の分析などが共感を集めたちまち大人気に。著書に『365日アカチャン満喫生活』『毎日すこやか！よちよちアカチャン応援生活』（KADOKAWA）、『わかるマンガ マイホームを買いたい！』（朝日新聞出版）、『マンガでカンタン！中学数学は7日間でやり直せる。』（Gakken）など多数。X/Instagram:@kurata_kei

参考文献：早稲田大学
「Global Education Center Program Guide 2023」

やりたいことがわからない高校生のための
最高の職業と進路が見つかるガイドブック

2023年11月20日　初版発行
2024年9月20日　4版発行

著者／山内 太地、小林 尚

イラスト／倉田 けい

発行者／山下 直久

発行／株式会社KADOKAWA
〒102-8177　東京都千代田区富士見2-13-3
電話　0570-002-301（ナビダイヤル）

印刷所／株式会社加藤文明社印刷所

製本所／株式会社加藤文明社印刷所

©Taiji Yamauchi 2023 ©Sho Kobayashi 2023　Printed in Japan
ISBN 978-4-04-606291-8　C7037